prima.

LESEN 2
Die Abenteuer des Äneas

C.C. Buchner

prima.palette

Herausgegeben von
Clement Utz (Regensburg).

prima. Lesen 2 wurde erarbeitet von
Dr. Michael Lobe (Nürnberg).

Über weiteres fakultatives Begleitmaterial zu **prima** informiert Sie
C.C. Buchners Verlag · Postfach 1269 · D 96003 Bamberg.

1. Aufl. 1⁷⁶⁵⁴³²¹ 2010 09 08 07 06
Die letzte Zahl bedeutet das Jahr dieses Drucks.
Alle Drucke dieser Auflage sind, weil untereinander unverändert, nebeneinander benutzbar.

© C.C. Buchners Verlag, Bamberg 2006
Das Werk und seine Teile sind urheberrechtlich geschützt. Jede Nutzung in anderen als den gesetzlich zugelassenen Fällen bedarf der vorherigen schriftlichen Einwilligung des Verlages. Das gilt insbesondere auch für Vervielfältigungen, Übersetzungen, und Mikroverfilmungen. Hinweis zu § 52 a UrhG: Weder das Werk noch seine Teile dürfen ohne eine solche Einwilligung eingescannt und in ein Netzwerk eingestellt werden. Dies gilt auch für Intranets von Schulen und sonstigen Bildungseinrichtungen.

www.ccbuchner.de

Lektorat: Bernd Weber
Layout und Satz: i.motion, Bamberg
Illustrationen: Uwe Schubert, Bremen
Druck und Bindung: creo Druck & Medienservice GmbH, Bamberg

ISBN   3-7661-5014-6
ISBN 978-3-7661-5014-1

Liebe Schülerin, lieber Schüler,

Arma virumque cano ... „Ich besinge die Waffentaten und einen Helden ..." So beginnt das berühmteste römische Epos, die *Äneis*. In diesem Werk schildert der Dichter Vergil das spannende Leben des trojanischen Helden Äneas, der nach der Flucht aus seiner Heimatstadt viele Abenteuer auf hoher See und in unbekannten Ländern zu bestehen hat, bis er der Gründervater des römischen Volkes wird.

Lass dich in seine Zeit und seine Welt entführen. Du wirst Zeuge spannender Kämpfe mit Ungeheuern verschiedener Art werden, wirst Machtkämpfe unter Göttern und Menschen miterleben, mit Äneas die Geheimnisse der Unterwelt erkunden, auch eine nicht alltägliche Liebesgeschichte und viel Aufregendes, Spannendes und Lehrreiches mehr kennenlernen.

Die zusammenhängende Geschichte besteht aus 19 Kapiteln, die in Wortschatz und Grammatik genau der Reihenfolge deines Lateinbuchs prima folgen. Jede weitere Fortsetzung übt den Wortschatz und Grammatikstoff der entsprechenden Lehrbuchlektion ein, sodass du eine gute und vor allem unterhaltsame Zusatzmöglichkeit zum Üben hast. Zur Überprüfung deines Könnens ist dem Bändchen eine herausnehmbare deutsche Übersetzung beigegeben. Diese solltest du aber erst dann benutzen, wenn du das entsprechende Kapitel tatsächlich gelesen hast.

Das beigefügte Namensverzeichnis mit seinen Erklärungen soll dir helfen, dich im Kreis der vielen Personen dieser Dichtung zurechtzufinden.

Vielleicht noch ein Wort zu den Verwendungsmöglichkeiten dieses Bändchens: Du kannst es in speziellen Stunden (z.B. Intensivierungsstunden) in der Klasse lesen, es als unterrichtsbegleitende Übungsmöglichkeit zu Hause nutzen oder es in den Sommerferien in einem Zug zur Wiederholung des gesamten Lateinstoffes durchlesen. So startest du topfit in das nächste Schuljahr.

Viel Spaß beim Lesen und Lernen!

Inhalt

	Lektion in			
	prima A	prima B		
1 Die Vorgeschichte des Trojanischen Krieges	22	23	Adverb - Futur I	6
2 Das grausige Schicksal Laokoons und die Flucht aus Troja	23	24	Passiv (Präsens, Imperfekt, Futur I)	8
3 Die Kyklopen in Sizilien	24	25	PPP – Passiv (Perfekt, Plusquamperfekt)	11
4 Der Seesturm vor Nordafrika	25	26	hic und ille	13
5 Die Klage der Venus bei Jupiter und ihre Begegnung mit Äneas	26	28	Partizip Präsens Aktiv	15
6 Erste Begegnung und beginnende Liebe zwischen Äneas und Dido	27	29	ipse – Partizip als Adverbiale	17
7 Merkur überredet Äneas zum Abschied von Dido und Karthago	28	30	u-Dekl. – idem – Gen. subiectivus und obiectivus	19
8 Das tragische Ende der Dido	29	31	Abl. absolutus (1)	21
9 Die Wettkämpfe zu Ehren des Anchises auf Sizilien	30	32	Abl. absolutus (2)	23
10 Äneas trifft in der Unterwelt auf Dido	31	33	e-Dekl. – Interrogativpronomen – Wort- und Satzfragen	25
11 Die Römerschau – Anchises zeigt Äneas die künftige Größe seiner Nachfahren	32	34	Doppelter Akkusativ	27

	Lektion in			
	prima A	prima B		
12 Äneas bei König Euander und dessen Sohn Pallas	33	35	Dativ des Zwecks – Dativ des Vorteils	29
13 Abschied von Euander und Tod des Pallas	34	36	aliquis – Genitiv der Zugehörigkeit – Genitivus partitivus	31
14 Euander trauert um seinen Sohn	35	37	ferre – Ablativ und Genitiv der Beschaffenheit	33
15 Die Ratsversammlung der Latiner	36	38	Konjunktiv Imperfekt und Plusquamperfekt – Konjunktiv als Irrealis	34
16 Die Volskerkönigin Camilla	37	39	esse (Zusammenfassung) – posse (Erweiterung) – Prädikativum	36
17 Der Entschluss des Turnus und der gebrochene Schwur	38	40	Konjunktiv Präsens – Konjunktiv in Gliedsätzen	38
18 Die Verwundung des Äneas und der Tod der Amata	39	41	Konjunktiv Perfekt – Indirekte Fragesätze	40
19 Der Entscheidungskampf zwischen Turnus und Äneas	40	42	iste – Gliedsatz als Adverbiale (Übersicht) – Tempusgebrauch in konjunktivischen Gliedsätzen	43

Eigennamenverzeichnis   45

1 Die Vorgeschichte des Trojanischen Krieges

Die Erzählung beginnt in dem Augenblick, als die Griechen nach zehnjähriger erfolgloser Belagerung dank der List des Trojanischen Pferdes in Troja eingedrungen sind. Schauplatz ist das Haus des Äneas, vor dem sein zwölfjähriger Sohn Julus noch ahnungslos spielt.

Aeneas magna cum cura filium vocavit: „Intra celeriter tectum[1], Iule! Intus tutus eris a periculis." Iulus statim paruit.

Aeneas: „Nonne scis, puer, Graecos urbem nostram cepisse? Omnia templa et fora iam cinxerunt, iam per omnes vias Troiae properant. Ut amici mihi narraverunt, hostes improbe et turpiter agunt. Non solum liberos et matres, sed etiam sacerdotes crudeliter necant. Mox etiam hic aderunt. Quamquam fortiter pugnavimus, urbem defendere non iam possumus. Itaque statui nos multa nocte Troiam relinquere. Aliter salus nobis non erit. Ego Anchisem patrem umeris ex urbe portabo, quia celeriter ire non iam potest. Tu, Creusa uxor, cum Iulo exibis. Ita ad locum perveniemus, ubi comites nos exspectabunt."

Iulus: „Narra, pater: Cur Graeci urbem nostram petiverunt?" Aeneas respondit: „Anchises avus[2] libenter tibi de causa belli narrabit. Ego de fuga[3] nostra cogitabo."

Anchises: „Audi, Iule! Scisne Iunonem deam? Potens dea est, quae Troiam Troianosque perire vult. Putat enim Paridem[4], adulescentem Troianum, sibi magnam iniuriam fecisse." Iulus: „Quid adulescens fecit?"

Anchises: „Audi! Iupiter Minervam, Iunonem, Venerem deas ad Paridem[4] misit. Summus deus antea adulescenti imperaverat: ‚Da praemium deae pulcherrimae[5]!' Quamquam Minerva Paridi multas victorias, Iuno ingens regnum promisit, is tamen Venerem deam pulcherrimam appellavit. Iuno ea iniuria vehementer dolebat et secum cogitabat: ‚Magnum scelus commisisti, Troiane! Confirmo me nunc inimicam Troiae ac Troianorum omnium esse. Diu iucundi vivebatis, Troiani. Nunc autem finem vitae iucundae et superbiae vestrae faciam. Mox redibo et crudeliter me geram. Supplicia vestra non multum apud me valebunt. Nemo me flectet: frustra deos ac oracula adibitis.'"

---

[1] **tēctum, -ī** Haus – [2] **avus, -ī** Großvater – [3] **fuga, -ae** Flucht – [4] **Paris, -idis** *m* Paris, Sohn des trojanischen Königs Priamos und Entführer der Helena – [5] **pulcherrima** die schönste

Iulus: „Odium¹ Iunonis nunc intellego. Sed dic: Cur Graeci odium in nos habent?" Anchises: „Nonne scis Venerem deam Paridi² Helenam pulchram promisisse? Quae erat uxor Menelai³, regis potentis Graeciae. Tamen Paris eam per dolum secum in patriam duxit. Postquam Menelaus maritus iniuriam animadvertit, cunctos viros nobiles ex omnibus civitatibus Graeciae convocavit, eis iniuriam adulescentis Troiani ostendit, ingenti cum classe celeriter ad litora nostra venit. Per multos annos Graeci urbem nostram petebant; nunc autem hostes dolo Ulixis Troiam ceperunt." Iulus: „Narra mihi de dolo eius viri!"

---

¹ **odium, -ī** Hass – ² **Paris, -idis** *m* Paris, Sohn des trojanischen Königs Priamos und Entführer der Helena – ³ **Menelāus, -ī** Menelaus, König von Sparta

2 Das grausige Schicksal Laokoons und die Flucht aus Troja

Anchises erzählt, wie vor wenigen Tagen plötzlich die Griechen nicht mehr zu sehen waren. Sie schienen abgesegelt zu sein. Voller Freude seien die Trojaner aus der Stadt an den Strand hinuntergestürmt, um das verlassene Heereslager der Feinde zu begutachten.

„Subito Troiani ingentem equum aspexerunt. Alii equum in urbem duci volunt, alii tale monstrum in litore relinqui iubent. Dum cuncti de equo consulunt, Laocoon[1] sacerdos ex urbe celeriter accessit et magna voce clamavit: ‚O miseri! Num putatis hostes discessisse? Num existimatis dona nobis ab eis relinqui? Nonne Ulixem cognovistis? Num insidiae Graecorum vobis ignotae sunt? Timeo Graecos, etsi dona nobis praebent.'

Ecce, subito adulescens Graecus ad Priamum, regem nostrum, ducitur. Priamus ex eo quaerit: ‚Quis es?' Is respondet: ‚Sinon appellor. Audite fabulam tristem meam! Quia urbs vestra a nobis capi non poterat, decrevimus finem belli facere et in patriam redire. Sed diu vento vehementi prohibebamur. Iterum atque iterum deos orabamus, sed ii supplicio nostro non commovebantur. Iam plerique Graeci de salute desperaverant, cum Ulixes silentium imperavit: ‚Cur ita perturbamini et perterremini, comites? Nonne scitis mihi semper consilium esse? Eo tempore dei unum e vobis pro salute omnium necari cupiunt. Ita dei nobis iter per mare praebebunt.' Tum Ulixes oculos ad me flexit. Statim comites eius me continuerunt et in vincula dederunt. Quia non ignoravi me ad necem parari, in tenebris noctis me e vinculis liberavi et fugi. Quamquam comites Ulixis me diu quaerebant, tamen ab eis non inveniebar. E loco tuto videbam ingentem equum ab eis in litore aedificari. Paulo post naves petierunt et in Graeciam abierunt. Oro vos: Concedite mihi vitam!'

Troiani verbis miseris et lacrimis falsis Sinonis movebantur. Priamus rex respondit: ‚Apud nos tutus eris, adulescens, non necaberis. Sed dic: Cur Graeci id incredibile monstrum aedificaverunt?' Sinon dixit Graecos id munus Minervae deae donavisse. Dum falsis verbis fallimur, Laocoon[1] sacerdos cum filiis ad aram processit, quia sacrum facere voluit. Ecce! Subito duae ingentes serpentes[2] e mari ad litus venerunt. Laocoon pater filiique magnis corporibus serpentium crudeliter necabantur.

---

[1] Lāocoōn, -ontis *m* Laokoon, trojanischer Priester – [2] serpēns, -entis Schlange

Troiani perterrebantur et putabant id signum irae deorum esse, quia Laocoon paulo ante equum ferro laeserat. Dum nonnulli Troiani curis gravibus permoventur, monstrum amplum in urbem ducebatur."

Anchises macht eine kleine Pause und seufzt, bevor er fortfährt:

„Nos non virtute Graecorum, sed dolo unius viri superabamur." Subito Aeneas intravit tristique cum voce dixit: „Fuimus Troiani. Hostes non solum urbem nostram ceperunt, sed etiam regem nostrum necaverunt. Nisi fugiemus, nos quoque necabimur." Anchises dixit: „Properate ex urbe, dum fugere potestis. Me autem hic relinquite! Ego iam senex sum, celeriter ire non iam possum." Aeneas: „Numquam a nobis desereris. Umeris meis ex urbe portaberis."

Sed Anchises verbis filii non movebatur. Subito autem flammae[1] in capite Iuli videbantur. Anchises statim intellexit id signum deorum esse: „Nunc scio: A deis certe servabimur. Quia dei ita volunt, vobiscum e patria antiqua exibo." Ut Aeneas dixerat, Anchisem umeris portabat et Iulum filium secum ducebat. Paulo post Creusa uxor tectum[2] relinquebat.

---

[1] flamma, -ae Flamme – [2] tēctum, -ī Haus

Als Äneas den vereinbarten Fluchtort vor den Mauern Trojas erreicht hat, muss er entsetzt feststellen, dass Kreusa nicht mehr dabei ist.

Wie von Sinnen stürzt er in die brennende Stadt zurück, um sie zu suchen, doch vergeblich. Endlich erscheint ihm der Geist seiner bei der Flucht gestorbenen Ehefrau und trägt ihm auf, für den gemeinsamen Sohn Julus zu sorgen und nach einer neuen Heimat zu suchen.

Niedergeschlagen kehrt Äneas zu Anchises, Julus und den Gefährten zurück.

3 Die Kyklopen auf Sizilien

Wenig später eilt Äneas mit Vater Anchises, Sohn Julus und den Gefährten zu einer abgelegenen Bucht, wo Schiffe zur Flucht bereitstehen. Bald schon sind die Flüchtlinge auf hoher See und blicken ein letztes Mal auf ihre am Horizont verschwindende Heimatstadt zurück.

Nach einigen Monaten Fahrt und Zwischenaufenthalten auf verschiedenen Inseln landen sie an der Küste Siziliens. Da stürzt aus einem Waldstück voller Panik ein junger Mann hervor ...

Troiani circum adulescentem steterunt. Anchises senex ei salutem dixit et ex eo quaesivit: „Quis es?" Is respondit: „Mihi nomen est Achaemenides. Fui quondam comes Ulixis. Dum post finem belli Troiani Ithacam insulam[1], patriam nostram, petimus, ventis vehementibus ad eam insulam acti sumus. Magna fame[2] commoti in cunctis campis insulae frustra cibos quaerebamus. Paulatim de salute desperabamus; tandem spelunca[3] ampla a nobis visa est. Statim intravimus et illic ingentem copiam ciborum invenimus. Magno gaudio moti corpora cibis confirmabamus, tum quiescebamus. Subito incredibili clamore perterrebamur – magnum monstrum speluncam intrabat. Numquam antea tam ingens corpus videramus. Id monstrum Polyphemus Cyclops erat. Cui unus oculus tantum erat. Ego vidi eum duos comites corripere, crudeliter interficere, denique devorare[4]. Multo sanguine perterriti sumus. Quamquam eum suppliciter precibus orabamus, tamen complures amici ab eo interfecti sunt."

Anchises: „Quin e spelunca[3] fugistis?" Achaemenides respondit: „A Polyphemo ingens saxum[5] ante speluncam positum erat, quod a nobis moveri non poterat. Sed dolo Ulixis servati sumus. Is iterum atque iterum Cyclopi vinum dedit. Postquam is vinum bonum bibit, somno alto se dedit. Tum consilium habitum est; nos ab Ulixe instructi ingentem palum[6], quem in spelunca inveneramus, ad Cyclopem movimus. Denique mandati sumus palum ingenti vi in oculum monstri mittere."

Achämenides wollte noch erzählen, wie die Gefährten des Odysseus den erblindeten Polyphem dazu brachten, den Felsblock von der Höhle zu wälzen, sodass sie entkommen konnten; aber plötzlich erzitterte der Boden und markerschütternde Schreie erschreckten alle Trojaner ...

---

[1] īnsula, -ae Insel – [2] famēs, -is *f* Hunger – [3] spēlunca, -ae Höhle – [4] dēvorāre verschlingen – [5] saxum, -ī Felsblock – [6] pālus, -ī *m* Pfahl

Achaemenides: „St! Fratres Polyphemi adsunt! Scio eos a Polyphemo missos esse. Me quaerunt, me interficere parant. Fugite ad naves!" Cuncti celeriter ad naves cucurrerunt et mox ex alto mari ad litus respexerunt.

Profecto magnam multitudinem Cyclopum in longo litore stare viderunt. Monstra statim ingentia saxa miserunt. Quibus undae primo motae, tum vehementer auctae sunt. Tamen Troiani ab eo periculo servati sunt.

4 Der Seesturm vor Nordafrika

Sed Troianis non erat finis laborum. Paulo post omnes morte Anchisis perterriti sunt. Hac in miseria Aeneas dignitatem pristinam non servavit: Ille morte patris vehementer commotus officia ducis non iam curabat. Tristis tantum in nave stabat et mare spectabat. Subito mare ventis vehementibus perturbatum est. Multae naves nimiis undis confectae sunt, nonnulli nautae vi undarum in mare missi sunt. Aeneas dum classem vi ventorum paene confectam videt, de salute desperavit et tristi voce haec clamavit: „O vos beati[1], quibus a deis datum est ad moenia Troiae interfici! Quin ego ante muros urbis necatus sum, ubi ille ingens Hector, ubi illi praeclari equites nostri interfecti sunt? His enim licebat ante oculos parentum vitam summa cum dignitate amittere, nos autem ..." Aeneas nimio dolore captus tacuit; sed Iulus filius intellexit iram Iunonis deae causam illius tempestatis[2] esse.

Profecto Iuno paulo ante ad Aeolum, ducem ventorum, venerat illumque his verbis appellaverat: „Aeole, pater deorum atque hominum rex tibi concessit undas ventis perturbare. Video Troianos mihi inimicos iter tutum per mare facere. Excita ventos simulque laede naves Troianorum! Ostende illis mortalibus vim tuam! Tum tu victor praemium regium a me accipies: Dabo tibi illam virginem pulchram, quam diu iam desideras."

Aeolus tanto praemio victus imperio deae libenter paruit. Statim ventos iussit summa cum vi classem Aeneae laedere. Sed Neptunus, dominus potens maris, mox sensit regnum suum nimis perturbari. Postquam ille classem Aeneae paene confectam vidit, celeriter cognovit auctores huius iniuriae Iunonem et Aeolum esse. Statim magna voce haec clamavit:

„Quiescite et tacete, venti turpes! Quis vobis concessit hanc turbam commovere? Nonne scitis me regem maris esse? Mihi uni hae undae, mihi uni haec maria parent. Nuntiate Aeolo se imperia mea respicere debere! Aliter mox magnam iram meam sentiet." Hoc statim factum est: Venti vehementer perterriti ad Aeolum fugiebant, mare paulo ante perturbatum statim quiescebat.

---

[1] beātus, a, um glücklich – [2] tempestās, -ātis f Sturm, Unwetter

Tandem naves tempestate¹ laesae ad litus Libyae pervenerunt. Ibi Aeneas suos his verbis confirmavit: „O comites, certe deus finem laborum nostrorum faciet. Cyclopes crudeles, tempestatem tristem iam superavimus. Pericula nos prohibere non possunt: Italiam, patriam novam, petimus. Certe scio nos illuc mox pervenire."

¹ tempestās, -ātis *f* Sturm, Unwetter

5 Die Klage der Venus bei Jupiter und ihre Begegnung mit Äneas

Ihr solltet an dieser Stelle wissen, dass Äneas der Sohn aus einer Beziehung der Göttin Venus mit dem Sterblichen Anchises ist. Das macht verständlich, warum sich die Göttin der Liebe im Folgenden beim Göttervater Jupiter über die Leiden des Flüchtlings Äneas und seiner trojanischen Gefolgsleute beklagt.

Dum Iuppiter prima luce ex alto caelo¹ ingentia maria, litora longa, multos populos spectat, Venus dea flens ei occurrit:

„O pater, qui deos et homines imperiis tuis regis, cur meum Aeneam tibi semper parentem in Italiam pervenire vetas? Cur Troianos patriam novam petentes tam diu repellis? Ego huc veni, quia te haec verba quondam dicta repetere volo: ‚Troiani domini totius orbis erunt, cunctis gentibus imperabunt.‘ Quid animum tuum flexit, pater? Putavi post tantos labores demum fortunam iucundam Troianos manere. Sed hi fortunam bonam desiderantes a te iterum atque iterum repulsi sunt. Quando dabis finem laborum, magne rex? Quando Troianos in patria nova se recipere sines? Non semper iram Iunonis timere volumus."

---

¹ caelum, -ī Himmel

Iuppiter primo umerum Veneris tetigit, tum ridens respondit: „Depone dolorem, filia. Sentio te amore accensam fortunam filii curare. Crede mihi haec dicenti: Tu et Troiani patriam novam petentes Aeneam urbem condere videbitis. Postea ille etiam inter deos recipietur. Nil enim animum meum flexit, filia: Aeneas eiusque filius Iulus magni domini urbis potentis erunt, quam omnes homines totius orbis Romam appellabunt. Romanis ego imperium sine fine dedi. Neque Iuno nunc insidias in Troianos parans consilio meo restabit, immo mecum hunc populum conservabit. Praeclara tempora tum venient, quia toto in orbe pax erit. Furia[1] belli frustra populos pace gaudentes ad bella commovere parabit." Venus Iovi gratias egit et magno gaudio permota discessit.

Jupiter steht zu seinem Wort und schickt den Götterboten Merkur zu den Einwohnern Libyens herab, um sie gastfreundlich gegenüber den gerade dort gelandeten Trojanern zu stimmen.

Dum comites in litore longo quiescunt, Aeneas decrevit cum Achate amico regionem novam explorare[2]. Mox ambo in magnam silvam venerunt. Ecce! Subito virgo pulchra inter altas arbores processit rogans: „Vidistisne vestigia virginis? Sororem meam enim quaero, quae per silvam volat et bestias capere cupit." Aeneas respondit: „Neminem per silvas volantem vidimus. Sed dic: Quis es? Vocem hominis non habes: Certe dea es. Narra nobis: Ubi sumus?"

Profecto virgo erat Venus, mater Aeneae. Sed se a filio cognosci non cupivit. Itaque dixit: „Gratias ago tibi, quod deam me appellas, quamquam venatrix[3] sum. Hic Dido regina[4] genti Poenorum imperat. Quae fratrem malum fugiens nuper in Libyam pervenit. Nemo nescit fratrem maritum Didonis interfecisse. Illa crimine fratris perterrita patriam reliquit et hic urbem novam condidit, quam Carthaginem omnes appellant. Currite celeriter ad Didonem reginam! Ibi enim comites vestros tempestate[5] amissos reperietis." Subito Aeneas cognovit virginem pulchram matrem suam esse. Ex ea quaesivit: „Cur me ita fallis? Crudelis es. Cur mihi non licet te tangere?" Sed Venus dea nil respondens iam discesserat.

---

[1] furia, -ae böser Dämon – [2] explōrāre erkunden – [3] vēnātrīx, -īcis f Jägerin – [4] rēgīna, -ae Königin – [5] tempestās, -ātis f Sturm, Unwetter

6 Erste Begegnung und beginnende Liebe zwischen Äneas und Dido

Äneas und Achates verlassen den Wald und steigen auf einen Berg, von dem aus sie auf die gerade entstehende Stadt Karthago blicken können.

Ganze Heerscharen von Handwerkern errichten dort Gebäude, Tempel und Stadtmauern. Wenig später entscheiden sie sich zum Abstieg und verstecken sich in der Nähe eines großen Tempels, weil sie befürchten, nicht gastfreundlich aufgenommen zu werden.

Plötzlich sehen sie nicht nur die Königin Dido mit ihrem Gefolge, sondern auch ihre im Sturm verloren gegangenen Gefährten wieder. Zunächst aber wagen sich Äneas und Achates nicht aus ihrem Versteck, sondern belauschen das Gespräch zwischen Dido und den Trojanern.

Ambo reginam[1] ipsam haec dicere audiverunt: „Salvete, Troiani fortes! Non ignoro excidium[2] triste Troiae laboresque a vobis in fuga susceptos. Etiam de Aenea duce multa iam audivi. Multi homines eum propter magnam virtutem imperatorem praeclarum appellant. Propter id ipsum vobis libenter aderimus. Vultisne nobiscum in hac urbe considere? Urbs, quam aedifico, etiam vestra erit. Nonne nostrae gentes, et Troiani et Poeni, hic in pace perpetua vivere possunt? Vos tanta calamitate pressi cives in civitate appellabimini. Et Aeneas, dux vester, mox mecum hanc urbem reget."

His verbis iucundis reginae[1] ipsius Aeneas paulo ante timore agitatus confirmatus est. Statim cum Achate e latebris[3] processit et se reginae comitibusque ostendit. Dido forti voce eius vehementer capta est: „Adsum, quem quaeritis, Aeneas Troianus, undis non perditus. Gratias ago tibi, regina, quod comites tam libenter accepisti. Dei ipsi tibi magna praemia dabunt. Quamquam tantas opes habes, te superbe non geris. Semper nomen tuum in toto orbe laudabitur." Dido amore commota respondit: „Esne Aeneas ipse, filius Veneris deae? Esne Aeneas, qui Troia antiqua eiectus novam patriam quaeris? Accedite, Troiani, et intrate tecta nostra! Nunc opus est cibis, vino, gaudio."

Dido statim Troianis in litore quiescentibus cibos vinaque mitti iussit, deinde Aeneam secum in arcem regiam duxit. Ibi multi servi servaeque convivium pulchrum parabant. Per totam noctem regina[1] Aeneam in lecto iacentem spectare non desinebat.

---

[1] rēgīna, -ae Königin – [2] excidium, -ī Untergang – [3] latebrae, -ārum *f Pl.* Versteck, Schlupfwinkel

Magno amore accensa iterum atque iterum ab eo ipso fabulas de bello Troiano, de Priamo, de hostibus Graecis audire cupiebat. Non iam de marito pristino cogitabat.

Hac nocte regina[1] propter curas quiescere non poterat. Prima luce ad sororem dixit: „Anna soror, ea nocte vix somnum capere potui. Quis huc litora nostra contigit? Nonne hospes novus umeros fortes habet? Nonne is fabulas pulchras narravit? Ipse multos labores summa cum audacia sustinuit! Magnis periculis perterritus tamen de salute numquam desperavit. Non ignoras me post mortem mariti nulli viro nubere decrevisse. Sed scire debes me rursus amore accensam esse."

Subito magno dolore commota flevit, sed soror haec solacia dixit: „Nemo te novo amore captam ridebit. Cur tam stulta[2] cura premeris? Immo gaudeo, quod Aeneam, virum et fortem et praeclarum, amas. Nube ei; tum tuta eris ab regibus potentibus Libyae. Aeneas fortis enim hic manens hostes a finibus nostris prohibebit." Quibus verbis Anna animum sororis magno amore accendit.

---

[1] rēgīna, -ae Königin – [2] stultus, a, um dumm, töricht

Regina[1] hinc urbem nuper conditam non iam curabat: Aedificia et templa non conficiebantur, omnia moenia a viris deserta erant. Aeneas pariter amore captus non iam de Italia agitabat. Putabat se tandem patriam novam invenisse. Itaque per totas noctes in conviviis sedebat. Vitae iucundae se dans nihil iam curabat. Iam per cunctas regiones Libyae nuntiabatur pulchram reginam Aeneae Troiano nupsisse et ambo turpi amore captos salutem civium non iam curare.

7 Merkur überredet Äneas zum Abschied von Dido und Karthago

Iarbas, unus ex regibus Libyae, genti Gaetulorum[2] imperabat. Idem templum Iovis sacrum aedificaverat. Portae templi semper floribus[3] ornabantur, intra templum arae pulchrae multaque signa aurea videri poterant. Iarbas quondam Didoni reginae[1] magnam copiam donorum et equorum pulchrorum miserat. Quibus muneribus frustra amorem reginae commovere tetendit.

Nunc audiverat eandem alio viro nupsisse. Statim irae ac luctus plenus in templum Iovis cucurrit et manus ambas ad caelum tetendit. Tum magno cum gemitu dixit: „Iuppiter potens, cui mea gens libenter aurum, argentum, vinum praebet, nonne aspicis hanc iniuriam? Nonne memor es donorum meorum? An frustra te, pater, et potentiam tuam timemus, cum fulmina[4] tua in terram demittis? Audi! Eadem Dido, quae nuper e patria sua huc in nostram regionem fugit, non solum me neglexit, sed etiam novum coniugem sibi delegit. Dido enim Aeneam Troianum amat. Quis eum verum virum nominare potest? Num concedere potes eundem maritum appellari, me autem multa dona tibi dantem ab ea neglegi?"

Postquam Iuppiter talia verba audivit, infestis oculis Carthaginem spectavit. Profecto cognovit Aeneam et Didonem officia publica neglegere et amorem suum tantum curare. Quare eadem hora Mercurium, nuntium deorum, arcessivit et dixit:

---

[1] rēgīna, -ae Königin – [2] Gaetulī, -ōrum *m Pl.* die Gätuler, ein nordafrikanisches Nomadenvolk – [3] flōs, flōris *m* Blume – [4] fulmen, -inis *n* Blitz

„Vola celeriter per caelum ad Aeneam et persuade eidem reginam[1] relinquere et cum comitibus Italiam petere. Nonne amor patriae novae eum commovet? Non Venus pulchra mihi virum quiescentem et officia neglegentem promiserat, sed virum, qui primo Italiae, deinde toto orbi pacem dabit. Nimis diu iucunde vixit." Ita summus deus dixerat.

Statim Mercurius se de alto caelo ad fluctus maris misit. Paulo post nuntius deorum Carthaginem urbem intravit et ante Aeneam stetit: „Cur hic domos amplas et altos muros aedificas? Nonne memor es Italiae, patriae novae? Rex deorum, qui caelum et terras imperio regit, me claro de caelo huc demisit. Idem a te scire vult: Cur tam diu in Libya manes? Nisi amor patriae novae te commovet, respice tamen Iulum filium, cui regnum Italiae debes!" Post ea verba Mercurius discessit.

Primo Aeneas a Carthagine urbe discedere dubitabat, sed metu Iovis permotus reginam[1] relinquere decrevit. Itaque celeriter comites convocavit eosque iussit naves ad iter parare. Noluit autem Didonem eadem consilia cognoscere et crimina sibi facere.

---

[1] rēgīna, -ae Königin

8 Das tragische Ende der Dido

Sed dolus Aeneae a Didone cognitus est. Quis enim feminam[1] amantem fallere potest? Illa magno dolore perturbata per totam urbem cucurrit. Tandem Aeneam convenit infestaque voce haec dicere coepit: „Aestimavistine, scelerate, te tale scelus committere posse regina non sentiente? Nonne te noster amor tenet? Num consilio celeriter mutato hinc discedere vis, crudelis? Mene fugis? Oro te: Mane, hospes! Num hoc nomen tantum de marito relictum est? Te urbem relinquente statim reges potentes Libyae in me vindicabunt. Nam eorum interest urbem capere. Visne Gaetulum Iarbam me rapere?"

Hac oratione habita Dido tacuit. Aeneas verbis acerbis perturbatus tamen haec dixit: „Dum vivo, regina, memor ero beneficiorum[2] tuorum. Numquam te fallere cupivi. Necessarium fuit naves parare, quia dei me iusserunt Italiam petere. Nam Iulo, filio meo, novam patriam debeo. Praebe mihi aures! Mercurius a Iove missus mihi haec imperia dedit. Non licet imperiis deorum resistere. Non libenter te relinquam."

Dido eum talia verba dicentem diu spectabat, tum vehementi ira accensa ducem Troianorum reprehendit: „Neque Venus dea neque Anchises pater, sed bestiae crudeles te aluerunt. Num lacrimis meis commotus es? Num ipse flevisti? Num amantem manu tetigisti? Ego tibi Troia exstincta patriam novam dedi, ego comites tuos patria pulsos a summa inopia servavi, ego te magni aestimavi. Et nunc dicis te deis iubentibus Carthaginem relinquere debere? Tenere te non possum. Discede, quaere per fluctus maris nova regna! Sed cupio te classe iterum amissa frustra nomen auxiliumque Didonis vocare. Certe a deis damnaberis. Nonne sentis te auctorem funeris mei esse?" Quibus verbis dictis illa Aeneam diu animo agitantem reliquit. Idem magno amore commotus tamen classem parari iussit.

Dido autem se necare decrevit. Manibus ad caelum sublatis haec ultima verba dixit: „Mors iucunda, serva me ab hoc dolore crudeli! Hunc cursum[3] vitae confeci, quem fortuna mihi dederat: Urbem praeclaram patria antiqua relicta condidi, mea moenia vidi. Nimis beata[4] eram, dum Aeneas ad litora mea venit."

---

[1] fēmina, -ae Frau – [2] beneficium, -ī Wohltat – [3] cursus, -ūs *m* Lauf – [4] beātus, a, um glücklich

Vix talia verba dixerat, cum in terram cecidit. Profecto Dido se gladio[1] interfecerat. Comites postquam manus reginae[2] sanguinis plenas viderunt, clamaverunt. Anna corpore sororis in lecto posito dixit: „Exstinxisti te meque, soror, populumque urbemque tuam."

---

[1] gladius, -ī Schwert – [2] rēgīna, -ae Königin

9 Die Wettkämpfe zu Ehren des Anchises auf Sizilien

Als Dido sich umbringt, befindet sich Äneas mit seiner Flotte bereits auf hoher See. Ohne von ihrem Selbsttod zu wissen, denkt er traurig über das Schicksal der nordafrikanischen Königin nach, als plötzlich ein Sturm aufkommt.

Äneas erkennt, dass die Winde seine Schiffe auf Sizilien zutreiben, wo sein Vater Anchises vor einem Jahr gestorben war und beigesetzt wurde. Äneas deutet dies als göttliches Zeichen und kündigt nach der Landung seinen Leuten sportliche Wettkämpfe zu Ehren des verstorbenen Vaters an.

Aeneas sociis in litore collectis haec dixit: „Comites cari, unus annus est, ex quo[1] Anchises pater hac terra conditus est. Quem vos omnes magni aestimavistis, ut scio. Itaque ad honorem eius me auctore certamina[2] faciemus. Primo naves celeres inter se de victoria contendent, tum adulescentes celeriter currentes nos delectabunt, deinde viri armati, qui tela[3] mittunt, virtutes suas ostendent, denique duo viri manibus inter se pugnabunt."

Et Siculi[4] et Troiani summo cum gaudio ludos spectabant. Omnibus certaminibus[2] paene confectis Aeneas iussit: „Tacete et videte hunc taurum[5] pulchrum, quem victor certaminis ultimi obtinebit." Statim Dares, iuvenis Troianus, qui iam multos viros sua manu forti superaverat, surrexit. Is summa cum superbia ingentes umeros suos pariterque malam mentem suam ostendit. Manibus celeriter huc et illuc motis clamavit: „Quis audebit mecum pugnare? Multi viri iam manu mea ad terram missi sunt. Nemo eorum veniam a me impetravit. Cavete ingentem vim meam!"

Ingenti praemio ab Aenea constituto tamen nemo ex magna multitudine spectantium surrexit. Itaque Dares ad Aeneam volavit manibusque taurum[5] tetigit. Tum voce superba dixit: „Da mihi taurum nullo alio praemium petente!" Dum Troiani iam Darem victorem appellant, Siculi Entellum senem his verbis ad pugnam commovere temptaverunt: „Entelle, vir fortis et quondam propter magnam vim tuam laudatus, cur tanto flagitio a iuvene commisso pugnare dubitas? Num hoc praemium pulchrum iuveni superbo sine pugna concedes? Ubi est tua virtus? Nonne scis deum tibi adesse?" Entellus respondit: „Non iam vis mihi est, quae quondam fuit. Virtus pristina autem me non defecit. Itaque pugnabo."

---

[1] ex quō seitdem – [2] certāmen, -inis *n* Wettkampf – [3] tēlum, -ī Wurfgeschoss – [4] Siculī, -ōrum die Sikuler, Einwohner Siziliens – [5] taurus, -ī Stier

Paulo post senex honestus ante Darem adulescentem stetit. Legibus pugnae constitutis Aeneas signum dedit.

Ambo una summa vi in se ruerunt. Dares se celeriter huc et illuc movit, manibus fortibus iterum atque iterum umeros Entelli pepulit. Vi paulatim deficiente senex pugnare non desinebat. Subito Entellus manum in Darem misit, sed vi sua in terram cecidit. Statim amicus ad senem cucurrit eumque sustulit. Deo vim novam praebente Entellus animum collegit et iuveni vehementer institit. Adulescens mira vi senis perturbatus mox se defendere non iam potuit. Quia Aeneas sensit Daretem pugnare non iam posse, Troianis invitis finem pugnae fecit et eo modo vitam iuvenis servavit.

10 Äneas trifft in der Unterwelt auf Dido

Weil einige Trojaner und Trojanerinnen sich nicht länger den Mühen der Seereise aussetzen und auf Sizilien ein neues Leben beginnen wollen, entschließt sich Äneas, mit den treuesten Gefährten abzureisen.

Nach einigen Tagen Seefahrt landen Äneas und die Seinen bei Cumae an der Westküste Italiens. Im dortigen Apollontempel sucht Äneas die Seherin Sibylle auf, die ihn in die Unterwelt begleiten soll. Nachdem Äneas den von ihr geforderten goldenen Zweig gefunden hat, steigen beide beim Avernersee in das Reich der Schatten hinab ...

Nulla lux diei in vasto regno inferorum[1] erat. Ambo flammas manibus tenentes per tenebras ibant, cum simulacra[2] mira eis occurrerunt. Aeneas metu coactus paene pugnam iniit. Sed Sibylla ridens eum a pugna prohibuit: „Desine sollicitari, vir fortis! Num ratio tibi deest? Cur times leves umbras[3] hominum, qui post mortem hunc in locum convenerunt?"

Paulo post Aeneas Sibylla duce ad undas Stygis[4] pervenit.

---

[1] **īnferī, -ōrum** *m Pl.* die Unterirdischen, die Unterwelt – [2] **simulācrum, -ī** Traumbild, Trugbild – [3] **umbra, -ae** Schatten – [4] **Styx, -gis** *f* der Styx, ein Unterweltsfluss

Ibi ingens multitudo umbrarum in ripa stetit. Hae omnes manus ad senem tetenderunt, qui navem per fluctus rexit. Aeneas e Sibylla quaesivit: „Quis hic est, cuius adventum umbrae tam vehementer desiderant? Quidnam cupiunt?" „Hic senex Charon appellatur. Ille eos, qui post mortem in terra conditi sunt, ad aliam ripam Stygis[1] portat. Ceteri spei falsae dediti frustra dies noctesque Charoni signa dant. Nam nesciunt se multos annos in hac ripa manere debere. Post longum tempus tandem Stygem transibunt."

Postquam Charon sensit homines vitam agentes, non umbras ad ripam Stygis[1] accessisse, furore incensus clamavit: „Quis huc venit? Quo properatis? Hic locus est umbrarum! Discedite! Non mihi licet mortales per undas Stygis ad aliam ripam portare." Sibylla nullo verbo dicto seni ramum aureum[2] ostendit, quem in veste condiderat. Statim Charon cessit et hospites ignotos nave ad aliam ripam portavit.

Paulo post Aeneas et Sibylla silvam vastam intraverunt, cum subito inter altas arbores umbram tristem Didonis aspexerunt. Statim Aeneas amore captus ad eam properavit et dixit: „Dido misera, res adversae tuae me torquent. Profecto nunc scio te manu tua periisse. Egone causa tanti mali fui? Me pudet fidem non praestitisse. Crede mihi: Non mihi libuit te relinquere. Dei me iusserunt tuo de litore cedere. Nunc imperia deorum me cogunt novos labores subire et iter per tenebras inferorum[3] facere. Numquam putavi rem tam miseram accidere posse. Mane! Cur me fugis? Nonne satis dolui? Num frustra spem in venia tua posui? Quando te videbo?"

At Dido his verbis commota non est. Neque respondit neque oculos ad Aeneam tristem flexit. Stabat quasi saxum[4]. Tum in magnam silvam rediit, ubi maritus pristinus uxorem excepit. Aeneas diu Didonem discedentem respiciebat.

---

[1] **Styx, -gis** *f* der Styx, ein Unterweltsfluss – [2] **rāmus aureus** goldener Zweig – [3] **īnferī, -ōrum** *m Pl.* die Unterirdischen, die Unterwelt – [4] **saxum, -ī** Felsblock

11 Die Römerschau – Anchises zeigt Äneas die künftige Größe seiner Nachfahren

Sibylla Aeneam tristem acri voce excitabat: „Si sedem umbrarum effugere volumus, Aenea, dubitare non debemus. Nox enim mox aderit. Ecce! Iam conspicio hunc locum, quem finem itineris nostri puto. Hac in parte multae ignes videntur. Ibi duae viae sunt: Via parva et angusta nos in Elysium[1] dulce, alia via ad Tartarum[2] saevum ducet. Ibi numina saeva umbras hominum sceleratorum retinent et dies noctesque poenis[3] acribus torquent. Nonne audis miseras voces eorum?" Dum Aeneas cum comite docta in parva via iter facit, tenebrae paulatim luci carae cedebant. Ambo hanc regionem Elysium putabant. Nam arbores pulchras, caelum clarum, campos floribus[4] ornatos conspexerunt. Ibi umbrae vitam inter gaudia communia agebant: vinum bibebant, saepe ridebant, carmina audiebant.

Subito Aeneas inter eas Anchisem aspexit et magna voce clamavit: „Salve, pater! Te auctore huc veni. Nam quiescenti mihi triste simulacrum[5] tuum occurrit. Dic: Cur me arcessivisti?"

Anchises familiariter respondit: „Gaudeo, quod te virum fortem praebuisti et per tenebras inferorum[6] ad me venisti. Non ignoro te multa pericula maris effugisse ingentesque labores subiisse. Nunc autem spem tuam confirmabo. Tibi enim omnia ostendere volo, quae bene evenient. Videsne ibi longum agmen virorum ire? Posteri tui sunt, qui gloriam gentis nostrae magnam reddent.

---

[1] **Elysium, -ī** das Elysium, schöner Ort in der Unterwelt, wohin die rechtschaffenen Menschen nach ihrem Tod kommen – [2] **Tartarus, -ī** der Tartarus, Ort in der Unterwelt, wo die Verbrecher nach ihrem Tod ihre Strafen abbüßen – [3] **poena, -ae** Strafe – [4] **flōs, flōris** *m* Blume – [5] **simulācrum, -ī** Traumbild – [6] **īnferī, -ōrum** *m Pl.* die Unterirdischen, die Unterwelt

Ecce! Adulescens, quem extra agmen ire vides, tuus filius est. Idem Albam Longam aedificabit. Eiusdem posteri gloriam nominis tui augebunt. Nam multas urbes praeclaras in Italia condent. Ecce Romulum, virum fortem! Qui Romam condet eamque urbem caput orbis faciet. Romani, posteri tui, non solum omnibus populis imperabunt, sed etiam leges et mores eis dabunt. Vos, Romani, parcetis hostibus victis, sed superabitis superbos. Fortuna vobis semper aderit. Videsne viros post Romulum euntes? Quos Romani reges appellabunt. Ecce! Hac in parte Brutum conspicis, qui insidiis et imperio Tarquinii Superbi finem faciet. Nunc oculos tuos huc flecte et aspice hanc multitudinem virorum nobilium, qui urbem a multis periculis servabunt. Ecce! Tandem Caesar Augustus adest. Hic vir, hic est, quem dei populo Romano iam diu promittebant. Is salutem civitatis et defendet et servabit. Idem fines imperii augebit et pacem orbi dabit.

Sed tu ipse, Aenea fili, bella crudelia in Italia geres multosque labores subibis. Nam gentem saevam vincere eamque cum Troianis in communem populum cogere debebis. Certe scis: Fortuna fortibus adest. Vale!" His verbis dictis Anchises filium animo confirmatum reliquit.

12 Äneas bei König Euander und dessen Sohn Pallas

Nachdem Äneas aus der Unterwelt zurückgekehrt ist und sich von der Sibylle verabschiedet hat, segelt er mit seinen Leuten an der Westküste Italiens entlang bis an die Mündung des Flusses Tiber, wo sie an Land gehen.

Über das dortige Gebiet Latium herrscht König Latinus. Seine Frau Amata will die gemeinsame Tochter Lavinia dem jungen Rutulerfürsten Turnus zur Frau geben, Latinus aber ist dagegen, da ihm das Orakel des Gottes Faunus geraten hat, seine Tochter an einen aus der Ferne kommenden Mann zu verheiraten.

Juno hetzt mit Hilfe der Unterweltsgöttin Allecto den Turnus gegen Äneas auf. Der sieht den Truppenaufmarsch der Italiker mit großer Sorge, erhält aber vom Flussgott Tiberinus die Weisung, tiberaufwärts zu den Arkadern zu segeln und deren König Euander als Verbündeten für den bevorstehenden Krieg zu gewinnen.

Am Flussufer begegnet den Trojanern der junge Pallas, der sie zu seinem Vater Euander führt.

Ibi Aeneas ad regem: „Summe rex", inquit, „non timeo vos, quamquam Graeci estis. Nam scio Arcades et Troianos non solum proavum[1] communem, sed etiam hostes communes habere. Eadem gens, cum qua iam diu bellum geritis, etiam nobis bellum indicavit. Consulere in Latinos debemus; ii maxima cum superbia toti Italiae imperare parant. Quippe puto nos non diversa, sed eadem velle: Pax nobis pariter curae est. Itaque accipe et da fidem! Est nobis fortis animus, sunt nobis plurimi viri, qui vobis certe usui erunt." Ita dixerat.

Euander rex per totam orationem oculos et corpus dicentis conspexerat, tum docta lingua respondit: „Te cognosco et libenter accipio, Aenea! Maxime me delectat te videre. Nam in oculis, voce, verbis patrem tuum cognosco. Adulescens eram, cum patrem praeclarum tuum in Graecia conveni. Cupiebam virum optimum cognoscere et manum eius tangere. Anchises mihi tum hanc vestem pulchram dedit. Nunc filio meo maximo honori est eam vestem gerere. Scilicet tibi adero. Latinis superbia sua magno constabit. Interea autem venite nobiscum ad aram Herculis sacram!"

Postquam rex hospitesque more antiquo sacris consuluerunt, vino cibisque corpora confirmaverunt. Tum Euander haec narravit: „Ea sacra facimus, hospes Troiane, quia Hercules nos quondam a saevo periculo

---

[1] proavus, -ī Ahnherr

servavit. Videsne hanc speluncam¹ iam diu desertam? Ibi multos per annos Cacus, monstrum ingens, vivebat. Is homines in silva captos crudeliter occidit. Deinde Cacus arbores capitibus eorum, quos interfecerat, ornabat.

Quondam Hercules multos boves² secum ducens huc pervenit. Dum ipse itinere longo confecto quiescit, Cacus partem non minimam bovum abduxit et in speluncam¹ vexit. Ubi Hercules hoc facinus animadvertit, armis celeriter sumptis ad speluncam cucurrit. Ab hac parte enim clamores bovum ad aures suas accesserant. Hercules primo saxum³ ante speluncam positum movit, tum speluncam iniit, deinde forti manu sua Cacum occidit. Paulo post homines corpus Caci iterum atque iterum spectabant, quia non credebant monstrum interfectum esse. Postea hoc in loco aram ad honorem Herculis posuimus. O iuvenes, consulite deo maximo! At tu, maxime Troianorum dux, consule mecum de rebus communibus …"

---

¹ spēlunca, -ae Höhle – ² bōs, bovis *m* Ochse – ³ saxum, -ī Felsblock

13 Abschied von Euander und Tod des Pallas

Euander empfiehlt Äneas, die Etrusker als Verbündete zu gewinnen. Diese suchten nach der Vertreibung des grausamen Herrschers Mezentius und dessen Flucht zu den feindlichen Latinern einen neuen Anführer.

Der alte Arkaderkönig gibt Äneas als Begleitung Reiter und Proviant, vor allem aber seinen Sohn Pallas mit. Inständig bittet er Äneas, auf diesen aufzupassen, da Pallas sein einziger Sohn sei.

Äneas verspricht dies und bricht zu den Etruskern auf, die sich tatsächlich mit den Trojanern und Arkadern gegen die Latiner unter Turnus verbünden. Bald darauf kommt es zur ersten Schlacht.

Pallas adulescens in proelio acri subito ante Turnum stat. Videt ingentes umeros videtque hostem crudeliter ridentem. Iuvenis haec secum cogitat: „Re vera viri egregii est nihil timere." Sine aliquo timore dixit: „Ades mihi, Hercule! Aut militari gloria aut morte nobili ego mox laudabor. Est aliquod pretium virtutis. Si vim aliquam habes, pugna mecum, Turne!" Arcades ob haec verba fortia iuvenis magno timore perterriti sunt. Subito Pallas telum[1] in Turnum torsit.

---

[1] tēlum, -ī Wurfgeschoss

Is autem celeri motu corporis telum vitavit, inde magna cum superbia risit: „Frustra me vincere studes, puer. Si putas te aliquem esse, falleris. Bellum cum Turno geris." His verbis ingens telum in adulescentem torsit. Qui statim telo confectus in terram cecidit. Turnus victor pedem[1] in corpore Pallantis ponens: „Arcades", inquit, „quis vestrum dubitat me optimum militem esse? Si quis audebit mecum pugnare, ei vim veri viri ostendam. Nuntiate Euandro regi Pallantem filium mea manu perisse! Eodem modo omnes peribunt, qui hostibus meis aderunt." Postremo balteum[2] iuvenis rapuit et id signum victoriae suae sustulit. Clamaverunt cuncti Latini magna cum voluptate. Morte Pallantis nuntiata Aeneas in pugnam properavit et ira ingenti incensus plurimos hostes occidit.

Subito Mezentius in vasto campo Aeneam, qui exercitui suo praefuit, conspexit. Statim clamavit: „Veni huc, Aenea, si quid virtutis militaris habes! Novi te genus a Venere dea ducere. Scire autem debes me deos semper risisse. Mea manus fortis mihi deus est." Aeneas nihil respondens telum[3] in eum torsit. Ubi Lausus, filius Mezentii, patrem laesum in terram iacere vidit, primo perterritus flevit, tum Aeneam ad pugnam provocavit[4]. Is iuvenem his verbis frustra a pugna prohibebat: „Parce vitae tuae, iuvenis; nam multum temporis tibi restat. Itaque desine me ad pugnam provocare! Nam sensi te magnum ingenium habere. Sed patrem morte tua tristem facies."

Adulescens autem verbis non parens Aeneam incessit statimque ab eo occisus est. Aeneas oculos iuvenis pereuntis videns manum ad eum tetendit et tristi cum voce dixit: „Cur, puer miser, gloria falsa commotus pugnare mecum volebas? Sed aliquid honoris est manu Aeneae magni cecidisse."

Mezentius, tief erschüttert über den Tod seines Sohnes, nimmt trotz seiner schweren Verletzung abermals den Kampf gegen Äneas auf, wird aber von diesem bezwungen. Bevor er ihn tötet, sichert Äneas seinem Gegner eine ordentliche Bestattung zu.

---

[1] pēs, pedis *m* Fuß – [2] balteus, -ī Waffengürtel – [3] tēlum, -ī Wurfgeschoss – [4] prōvocāre herausfordern

14 Euander trauert um seinen Sohn

Proelio confecto Aeneas campos belli visebat. Multa corpora militum ibi iacere cernebat. His verbis viros suos monuit: „Praestate ultimum honorem comitibus praeclaris, qui pro patria nova mortem subierunt. Afferte primo Pallantem, quem dies tristis abstulit!" Ut dictum, ita factum est.

Paulo post Aeneas in aedes ibat, ubi quaedam praesidia Troianorum, Arcadum, Etruscorum circum corpus Pallantis stabant. Aeneas flens: „O puer miser", inquit, „mea culpa[1] est te necatum esse. Aliter atque mihi spes fuerat, res evenerunt: Hanc tristem atque acerbam mortem non providi[2], cum ab Euandro discessi. Cuius verba memoria teneo: ‚Aenea, consule filio meo et prohibe eum a periculis belli! Nam is solacium senectutis[3] meae est.' O senex miser, hoc nuntio tristi allato numquam laetus eris. Iuvenem magnae virtutis perdidisti, Turne saeve! Vale, maxime Palla! Me bella tristia ad alias lacrimas vocant."

Postquam Aeneas corpus Pallantis pulchra veste, quam Dido quondam summo cum ingenio fecerat, ornavit, foras ad exercitum abiit. Iam aderant oratores[4] hostium pacem paucorum dierum petentes. Nam corpora militum occisorum in terra condere cupiebant. Aeneas se familiarem praebuit et hoc libenter concessit. Sed hostibus haec crimina fecit: „Cur, Latini, me hoc bellum gerere coegistis, cur amicitiam[5] nostram fugistis? Non ego bellum petivi. Quamquam regis est pacem servare, Latinus rex non de condicionibus pacis cogitavit, sed statim armis Turni se credidit. Ferte hunc nuntium Turno: Si Troianos e patria sua pellere vult, mecum pugnare oportet. Nunc ite!" Tunc Drances senex, vir parva statura, sed magno ingenio, haec respondit: „O praeclare dux Troiane, libenter nuntios eiusmodi Latino regi adferemus. Turno superbia certe auferetur."

Dum Aeneas Drancem ceterosque oratores[4] Latinorum dimittit, agmen triste corpus Pallantis in urbem Euandri tulit. Euander rex alta in arce stans agmen per portas ire vidit. Celeriter descendit, agmini occurrit, filium necatum conspexit. Oculos primo avertit, quia dolorem ferre non potuit; deinde flens dixit: „Eiusmodi fortunam tristem neque mihi neque tibi exspectavi, Palla! Nullus deus preces meas audivit. Filius unus mihi fato crudeli ablatus est. Vobis, Troiani, tamen crimina non facio. Sed nun-

---

[1] culpa, -ae Schuld – [2] prōvidēre, prōvideō, prōvīdī vorhersehen – [3] senectūs, -ūtis f Alter – [4] ōrātor, -ōris m Unterhändler – [5] amīcitia, -ae Freundschaft

tiate haec regi vestro: Manus fortis Aeneae mihi filioque mortem Turni debet." His verbis Euander Troianos dimisit.

Dum Arcades fortunam acerbam Pallantis flent, etiam milites Latini tristes erant. Quidam pleni luctus et irae dicebant: „Plurimi mariti, filii, amici propter audaciam unius interfecti sunt. Postremo – quia uni Turno hoc bellum usui est, is cum Aenea vim suam conferre et de victoria pugnare debet."

15 Die Ratsversammlung der Latiner

Da sich sein Volk in Kriegsbefürworter und Kriegsgegner aufspaltet, beruft König Latinus die führenden Männer des Staates in das Ratshaus ein.

Signo dato cuncti consedebant. Primo rex orationem habuit: „Regis est iterum atque iterum cogitare de consiliis, quae ad salutem populi pertinent. Aperiam vobis ea, quae diu ac diligenter mecum cogitabam. Vos omnes sensistis, cives, difficile esse cum gente Troianorum bellum gerere. Quorum vires multis proeliis non conficiuntur; ii vinci non possunt. Hercule! Quid actum est? Omnia nostra iacent: Videte campos desertos et familias patria pulsos! Multos viros certe a morte servavissemus, si prius de fine belli cogitavissemus. Audite meam sententiam! Est antiquus ager mihi, longus et ad fines Siculorum pertinens. Si hanc totam regionem Troianis daremus, et pacem haberemus et cum sociis novis regnum confirmaremus. Sin autem¹ ii alia in regione agros colere cuperent, certe idoneum esset eis naves aedificare. Consulite saluti communi, nobiles!"

Tunc Drances idem, qui superbiam Turni ferre non iam poterat, his verbis Turnum laedebat: „Turne superbe, propter te multi clari viri ceciderunt! Superbia tua in ore omnium est. Nisi plurimi iram tuam timuissent, iam prius te monuissent. Latine rex, si meum consilium audire vis: Ego mitterem Aeneae non modo pulchra dona, sed etiam Laviniam filiam! Eo modo pacem longam inter populos duos faceres. Cur, Turne, caput causaque malorum, cives miseros in tanta pericula rapis? Nulla salus bello est,

---

¹ sīn autem wenn aber

pacem postulamus. Quare desere bellum et victus abi! Nimium diu calamitates crudeles vidimus, nimium diu agri deserti iacent. Si Lavinia tibi tantae curae esset, cum Aenea de uxore et de victoria contenderes! Si virtus aliqua honosque tibi esset, non cederes ei, qui te in pugnam vocat."

Turnus ira incensus respondit: „Semper, Drance, imprimis lingua vales. Cum autem bella manus fortes postulant, pedibus celeribus in curiam fugis. Ibi tutus praeclaras orationes habes, dum hostes iam in moenibus stant. Dic mihi: Num manus tua aliquos Troianos occidit? Num quid in hoc bello gessisti, quod laudi fuit? Veni et mecum pugna in hostes! Ante muros sunt. Cur dubitas? Eritne semper tibi virtus solum in lingua pedibusque celeribus? Egone victus sum? Nemo me victum vidit. Ego pedem iam multis hostibus victis imposui. Si nullam spem in armis nostris poneremus, si tam miseri essemus neque fortuna nobis adesset, pacem turpem petere oporteret. Sed si virtus nobis et magna copia iuvenum fortium est, cur ante pugnam animo deficimus? Et si me solum Troiani pugnare cogerent, ad pugnam paratus irem. Vobis enim et Latino regi, patri uxoris meae futurae[1], hanc vitam meam debeo."

---

[1] futūrus, a, um   zukünftig

Subito nuntius clamans curiam intravit: „Troiani ante muros sunt!" Hoc nuntio senes perterriti sunt; at iuvenes gaudebant et arma spectabant, quia mala belli nondum cognoverant. Dum Turnus laeto ore copias convocat, Latinus rex plenus curarum curiam reliquit. Is sibi ipsi haec crimina fecit: „Si hoc scivissem, prius pacem cum Aenea fecissem eique Laviniam filiam dedissem."

16 Die Volskerkönigin Camilla

In diesem Kapitel werdet ihr Camilla, die sagenhafte Reiterkönigin des Stammes der Volsker kennenlernen. Nachdem ihr Vater Metabus von den Volskern als Tyrann vertrieben worden war, verlebte sie ihre Kindheit und Jugend in der Wildnis der Wälder und weihte ihr Leben der Jagdgöttin Diana, unter deren besonderem Schutz sie stand.

Turnus hatte die kampferprobte Camilla zur Verbündeten genommen und sich mit ihr vor der Stadt des Latinus verabredet:

Turnus ante muros urbis Camillae, reginae[1] Volscorum, occurrit. Illa statim de equo descendit iussitque manum comitum idem facere. Tum sermonem his verbis coepit: „Turne, non me vocavisses, nisi virtutem et potestatem meam magni aestimares. Ego non huc venissem, nisi iam saepe me fortem paebuissem. Quare sine me primam pericula huius belli subire! Tu interea cum exercitu hic manebis."

Tametsi Turno id consilium non placebat, Camilla copias ordine instructas in proelium duxit. Ipsa consueverat in prima acie[2] esse. Eo modo et milites suos ad summam virtutem commovebat et hostes perturbabat. In umeris eius arcus[3] aureus erat. Quo arcu multos hostes fugientes necabat. Camilla postquam unum ex hostibus laesit, ad eum in terra iacentem dixit: „Certe putavisti feminas[4] in bello plurimum non posse. Nonne scis me tam multos viros occidisse, quam sidera in caelo vides? Modo didicisti vim magnam meam. At non parva gloria tibi erit manu Camillae cecidisse." His verbis eum interfecit.

Ubi imperator Etruscorum exercitum suum cedere cognovit, magna voce clamavit: „Num vos a femina[4] superari sinitis? Num timoris causa

---

[1] rēgīna, -ae Königin – [2] aciēs, -ēī f Schlachtreihe – [3] arcus, -ūs m Bogen – [4] fēmina, -ae Frau

tam celeriter curritis? An aliam causam fugae vestrae mihi afferre potestis? Ubi honos, ubi virtus vestra est? Vulgus estis, si tam improbi e proelio fugitis! Tradite illud memoriae: Virorum fortium est numquam animo deficere." Tum ipse in proelium properavit.

Etrusci hoc exemplo virtutis confirmati ingentem clamorem sustulerunt. Alia in parte proelii Camilla militem Troianum in pulchro equo sedentem conspiciebat. Cuius vestis aurea et arma argento atque aere ornata ei placebant. Nam Camilla numquam antea tales res pulchras viderat. Quia vestem armaque habere cupiebat, agmen tutum deseruit. Id causa mortis ei fuit.

Ubi enim unus ex hostibus Camillam copias deserere sensit, tempus idoneum putavit et ex insidiis telum[1] in eam torsit. Statim occisa de equo cecidit. Dum haec extra urbem geruntur, intus Amata, uxor Latini regis, frequentem numerum matrum ad templum Minervae adduxit. Supplex deam oravit: „Potens dea, ferre non possum Aeneam filias nostras rapere. Tu, quae omnia potes, ipsum in proelio exstingue!"

---

[1] tēlum,- ī Wurfgeschoss

17 Der Entschluss des Turnus und der gebrochene Schwur

Das Kriegsglück neigt sich den Trojanern zu. Allein die hereinbrechende Nacht verhindert die Erstürmung der Stadt des Latinus.

Latini fugiebant, ut se servarent. Etiam Volsci morte Camillae perturbati fugiebant, ne perirent. Dum Troiani ante urbem castra ponunt, Turnus sensit Latinos oculos in se convertere. Sensit imprimis se ab omnibus posci. Quare in altam arcem regis properavit.

„Optime rex", inquit, „non dubitabo facere id, quod promisi. Hac manu aut[1] ego Troianum interficiam aut is me vincet et Laviniam pulchram abducet." His verbis Latinus respondit: „O praeclare adulescens! Omnes sciunt te iuvenem ingenti virtute esse. Tam fortem te adhuc praebuisti, ut magnam auctoritatem apud populum haberes. Cur tantis curis torqueris? Tibi est regnum patris et multum pecuniae. Sunt multae aliae virgines pulchrae et nobiles, quae te maritum desiderant. Nonne scis deum mihi quondam mandavisse, ne Laviniam viro Italico[2] coniugem darem? Sed ego ac Amata uxor te tanti aestimavimus, ut non imperia deorum respiceremus. Te cum Aenea de regno et de Lavinia contendere nolo. Nam timeo, ne interficiaris. Respice etiam patrem tuum: Is imprimis optat, ut filius salvus[3] in patriam redeat."

Tum autem iuvenis ira incensus: „Depone curam, quam pro me agis, optime senex! Tanta vis mihi est, ut nemo me superare possit. Non semper Venus dea filio suo aderit et a periculis belli servabit." Amata regina flebat et his verbis Turnum a pugna prohibere temptabat: „Turne, si te lacrimae commovent, te oro, ne in bellum abeas! Tua fortuna etiam mea erit: Si necaberis, pariter hanc vitam relinquam neque Aeneam maritum filiae meae videbo."

Lavinia cum haec verba matris audivisset, flevit. Turnus oculos in virginem pulchram convertit. Tanto amore adductus est, ut statim pugnare cuperet. Igitur dixit: „Nulla ratione efficies, ut me a bello revoces, mater. Non enim Turni est morti cedere. Referte tyranno Troiano haec verba, quae ei certe non placebunt: Nostro sanguine bellum decernemus. Lavinia coniunx praemium victoris erit." Tum Turnus nuntium ad castra Troianorum dimisit, ipse equum poposcit.

---

[1] aut ... aut entweder ... oder – [2] Italicus, a, um aus Italien – [3] salvus, a, um wohlbehalten, unverletzt

Am nächsten Tag treffen sich König Latinus und Turnus sowie Äneas und Sohn Julus auf einem Feld vor der Stadt. Mit einem bei den Göttern geleisteten Eid bekräftigen beide Parteien den Entschluss, dass Turnus und Aneas im Zweikampf um die Herrschaft und die Königstochter Lavinia antreten sollen.

Kaum hat Latinus seinen Schwur gesprochen, als Unerwartetes geschieht:

Subito unus e Rutulis magna voce clamavit: „O comites, num oportet unum pro libertate et salute omnium pugnare, cum et numero et auxiliis nostris Troianos facile superemus? Timeo, ne Turno victo patriam amittamus et cogamur licentiae dominorum novorum parere. Itaque deficite a consilio principum, viri, si liberi vivere vultis!"

Profecto hac oratione animi Rutulorum et Latinorum mutati sunt. Ii, quibus spes pacis fuerat, nunc arma volebant novisque rebus studebant. Primus Tolumnius: „Opto", inquit, „ut mecum arma corripiatis et hostem sceleratum superetis. Nos omnes optamus, ut ille fugiat et Italia expulsus per mare vastum abeat. Praestate fidem et defendite Turnum nostrum!" Tum Tolumnius telum[1] in hostes torsit et iuvenem egregium e gente Arcadum interfecit. Cuius fratres statim arma capiebant. Ita evenit, ut bellum iam desertum iterum inciperetur.

---

[1] tēlum, -ī Wurfgeschoss

18 Die Verwundung des Äneas und der Tod der Amata

Dum Latinus rex inter multa tela¹ fugit, Aeneas elata alte manu milites suos reprehendebat: „Quo properatis? O retinete iras! Nescio, cur bellum iterum inceptum sit. Vos quaero, hocne verum sit: Nonne ius iurandum² memoria tenetis? Itaque me sinite cum Turno de victoria contendere! Deponite metum! Semper ego manu mea res fortes gessi."

Ecce! Inter has voces, inter talia verba telum celere ad-volavit et Aeneam laesit. Cuius rei Turnus testis erat. Qui cum Aeneam ex agmine cedentem et Troianos perturbatos vidisset, magna cum laetitia equum poposcit solusque exercitum hostium temptavit. Spectantes dubitabant utrum Mars saevus an unus ex mortalium per agmina iret: Tanta crudelitate³ Turnus pugnabat. Cum iam multos hostes occidisset, telo Troianum miserum interfecit. Postquam is de equo cecidit, Turnus pedem in corpore eius posuit. Superbus haec dixit: „Videte, quanta ira Turni sit!"

Interea Achates comes filiusque Iulus Aeneam vehementer laesum in castra reduxerunt.

¹ tēlum, -ī Wurfgeschoss – ² iūs iūrandum Eid, Schwur – ³ crūdēlitās, -ātis f Grausamkeit

Ibi Aeneas nonnullis iuvenibus cinctus stabat. Quamquam ingentibus doloribus laborabat, nullum gemitum dedit. Frustra medicus[1] omnem artem suam exercebat et telum[2] educere temptabat; sed telum in corpore manens nullo modo moveri potuit.

Comites circum ducem stantes iam spem salutis dimiserant, cum Venus ex alto caelo res adversas filii perspexit. Subito evenit, ut medicus[1] telum[2] e corpore Aeneae educere posset. Pariter vis corporis et honesta species Aeneae redierunt. Medicus: „Nescio, quis hanc rem miram perfecerit. Non mea manus hanc salutem dedit, non fuit hoc auxilium hominis: Deus hoc beneficium dedit."

Aeneas ipse amore pugnae statim incensus arma sua corripuit. Tum Iulum filium tetigit: „Aperte tibi hoc dicam: Disce, puer, a me virtutem verumque laborem, fortunam ab aliis. Nunc mea manus te defendet et ad magna praemia ducet. Tene tu memoria et exempla tuorum et patrem Aeneam!" Haec cum dixisset, castra celeriter reliquit.

Äneas greift wieder in den Krieg ein und hält im Kampfgetümmel nach Turnus Ausschau. Als er ihn nirgends erblickt, richtet er voller Wut alle Kräfte auf die Eroberung der Stadt des Königs Latinus ...

Ubi Amata regina[3] ex alta arce Troianos accedere et ignes ad tecta volare, nullos autem milites Turni vidit, putavit Turnum iuvenem in pugna occisum esse. Itaque se ipsam necavit. Morte reginae nuntiata omnes animo deficiebant et flentes per vias urbis currebant. Paulo post nuntius ad Turnum perveniens: „Turne", inquit, „in te ultima salus est. Aeneas cum militibus optimis urbem temptat, regina sua manu finem vitae fecit. Omnes Latini te exspectant. Dic, utrum milites urbem defendentes turpiter deseras an ad urbem redeas!"

Turnus primo tacuit, tum ad magnam urbem respexit. „Numquam", inquit, „haec terra Turnum fugientem videbit. Dic mihi, num miserum sit in pugna occidere? Constat consilium: Cum Aenea pugnabo." His verbis dictis celeriter equo per hostes, per tela[2] ad urbem volavit. Ante moenia signum manu dedit saevaque voce sic incepit: „Desinite pugnare, Latini! Me oportet pro vobis bellum gerere." Ubi Aeneas animadvertit Turnum adesse, summos muros deseruit et magna cum laetitia ad hostem properavit. Omnes et Latini et Troiani armis depositis oculos in viros ambos convertebant.

---

[1] medicus, -ī Arzt – [2] tēlum, -ī Wurfgeschoss – [3] rēgīna, -ae Königin

Nach wenigen Augenblicken gegenseitigen Belauerns gehen beide Kämpfer wie zwei Kampfstiere aufeinander los ...

19 Der Entscheidungskampf zwischen Turnus und Äneas

Aeneas et Turnus diu paribus viribus pugnaverant, cum subito Turnus sustulit gladium, qui in hoc impetu fractus est. Ubi dexteram suam sine gladio vidit, Turnus fugit. Quamquam huc et illuc cucurrit, effugere non potuit. Alia in parte enim agminibus Troianorum, alia in parte altis moenibus circumventus est. Ille etsi nomine quosdam vocabat, frustra novum gladium poscebat.

Interea grandis rex Olympi ex Iunone, quae de alto caelo pugnam aspexit, quaesivit: „Quando finis istius odii[1] tui erit, coniunx? Oro te, ut sapias. Cum omnes sciant victoriam Aeneae fortuna deberi, tu sola id neglegere soles. Troiam exstinguere, Troianos per totum orbem terarum agere, bellum ingens commovere potuisti. Nunc autem desine Troianos sollicitare!" His verbis Iuno dea respondit: „Iuppiter, quia non ignoro id, quod optas, Turnum deserui. Si aliter esset, non hic quiescerem, sed Troianos in proelia crudelia coegissem. Iam cedo pugnasque relinquo. Sed audi condicionem meam: Cura, ut pace cum Troianis facta Latini et sermonem et vestem suam retineant!"

Tum pater hominum atque rex deorum ore familiari risit: „Depone curas! Libenter dabo, quod cupis: Quamquam cum Troianis in unum populum convenient, Latini sermonem veterem moresque maiorum tenebunt. His idem nomen erit, quod nunc est. Et audi, quod tibi gaudio erit: Ea gens te magni aestimabit." Iuno his dictis contenta abiit.

Aeneas interea vehementi voce clamavit: „Interrogo te, Turne, cur fugias neque mecum pugnes. Nunc enim oportet non istis pedibus celeribus fugere, sed saevis armis pugnare." Iuvenis fortis respondit: „Non me tua verba terrent; dei me terrent et Iupiter hostis." Et statim ingens saxum[2] sustulit, sed frustra in hostem torsit. Nunc Aeneas ingenti impetu Turnum oppugnavit eumque laesit. Magno cum gemitu Rutuli imperatorem suum in terram cadere viderunt.

---

[1] **odium, -ī** Hass – [2] **saxum, -ī** Felsblock

Turnus supplex dexteram tendens: „Si qua misericordia[1] te tangere potest", inquit, „redde me vivum patri aut trade ei corpus meum. Fuit et tibi pater Anchises. Vicisti et Rutuli me victum dexteram tendere viderunt. Tua est Lavinia coniunx. Nulla est causa, cur me interficias: Conserva me a morte!" Stetit acer in armis Aeneas cogitans gladiumque retinens.

Iam sermo feram mentem Aeneae mutare coeperat, cum subito aspexit balteum[2] Pallantis, quem Turnus umeris signum victoriae gerebat. Tum Aeneas ingenti ira incensus clamavit: „Tune, qui Pallanti amico et vitam et balteum rapuisti, veniam petis? Quia Pallas tua manu occidit, sanguinem a te poscit." Hoc dicens gladium in corpus Turni condidit.

Nachdem Äneas auf diese Weise den Tod seines jugendlichen Freundes Pallas gerächt hatte und damit zugleich seinen größten Widersacher losgeworden war, war der Weg für die Heirat mit Lavinia frei.

Wie Jupiter und Anchises geweissagt hatten, vereinigten sich die Trojaner friedlich mit den Völkern Latiums und verschmolzen über die Jahrhunderte zum Volk der Römer, als dessen Ahnherr Äneas galt. Seine Nachfahren gründeten die Stadt Rom, in der es vor allem in der Kaiserzeit als vornehm galt, den eigenen Familienstammbaum auf die Trojaner zurückführen zu können.

---

[1] misericordia, -ae Mitleid – [2] balteus, -ī Waffengürtel, Wehrgehenk

Eigennamenverzeichnis

Achaemenidēs, -is Gefährte des ↗Odysseus, der mit diesem zusammen den einäugigen Riesen ↗Polyphem geblendet hat und vor dessen Zorn nun Schutz bei ↗Äneas und den Trojanern sucht.

Achātēs, -is Trojaner und treuester Freund des ↗Äneas.

Achillēs, -is größter Held der Griechen vor Troja.

Aenēas, -ae Trojaner, Sohn der Göttin ↗Venus und des trojanischen Fürsten ↗Anchises, Hauptheld der Äneis, der in Italien ein zweites Troja gründet und so zum Ahnherrn der Römer wird.

Aeolus, -ī Beherrscher der Winde, mit ↗Juno gegen die Trojaner verbündet.

Alba Longa die älteste Stadt der Latiner, Mutterstadt des späteren Rom.

Amāta, -ae Frau des Königs ↗Latinus, die aufseiten des Turnus steht, weil sie sich ihn als Mann ihrer Tochter ↗Lavinia vorstellt.

Anchīsēs, -is Trojanischer Fürst und Vater des ↗Äneas. Er stirbt während der Irrfahrten der Trojaner auf Sizilien, darf aber seinem Sohne in der Unterwelt die Zukunft der Trojaner weissagen.

Anna, -ae Schwester der karthagischen Königin ↗Dido.

Arcades, -um Das ursprünglich griechische Volk der Arkader siedelte unter König ↗Euander in Latium, der Gegend des späteren Rom.

Ardea, -ae Hauptstadt der ↗Rutuler, Wohnsitz des ↗Turnus.

Brūtus, -ī Römischer Freiheitsheld, der den Tyrannen ↗Tarquinius Superbus ermordet und so der Begründer der römischen Republik wird.

Cācus, -ī Sohn des Gottes Vulcanus, feuerspeiender Riese, der von Hercules wegen eines Rinderdiebstahls getötet wird.

Caesar Augustus Kaiser Augustus, der in der „Römerschau" (Kap. 11) von ↗Anchises als Gipfelpunkt der römisch-trojanischen Geschichte aufgeführt wird.

Camilla, -ae Königin der ↗Volsker, die an der Seite des ↗Turnus gegen die Trojaner kämpft, eine Art italische Amazone.

Carthāgō, -inis Stadt in Nordafrika, in der die Königin ↗Dido herrscht und an deren Küsten es ↗Äneas verschlägt.

Charōn, -is Unterweltsfährmann, der die Seelen der Toten über den Unterweltsfluss ↗Styx geleitet.

Crēta, -ae die griechische Insel Kreta, auf der ↗Äneas und seine Gefährten einen Zwischenaufenthalt machen, bevor sie nach Sizilien gelangen.

Creūsa, -ae Tochter des trojanischen Königs ↗Priamos, Frau des ↗Äneas, Mutter des ↗Julus, stirbt während der Flucht aus Troja.

Darēs ein Trojaner, Gegner im Boxkampf gegen den Sizilianer ↗Entellus während der Spiele zu Ehren des verstorbenen ↗Anchises.

Dīdō, -ōnis Gründerin und Königin von Karthago, Geliebte des ↗Äneas, die sich nach seinem Abschied aus Kummer umbringt.

Drancēs ein ↗Rutuler, Gegner des ↗Turnus.

Elysium, -ī das Elysium, Wohnort in der Unterwelt für alle, die sich während ihres Lebens nichts zuschulden haben kommen lassen.

Entellus, -ī ein Sizilianer, Gegner des Trojaners ↗Dares im Boxkampf während der Spiele zu Ehren des verstorbenen ↗Anchises.

Etruscī, -ōrum die Etrusker.

Euander, -drī König der ↗Arkader und Vater des ↗Pallas.

Gaetūlī, -ōrum die Gätuler, ein nordafrikanischer Stamm.

Helena, -ae Frau des griechischen Königs ↗Menelaos, die der trojanische Prinz ↗Paris nach Troja entführte und so den Trojanischen Krieg auslöste.

Iarbās, -ae König der afrikanischen Gätuler, abgewiesener Freier der ↗Dido.

Iūlus, -ī Sohn des ↗Äneas und der ↗Kreusa.

Iūnō, -ōnis Frau des ↗Jupiter und Feindin der Trojaner (griech. Hera).

Iuppiter, Iovis höchster und mächtigster der Götter (griech. Zeus), Mann der ↗Juno, Vater der ↗Venus.

Lāocoön, -ontis trojanischer Priester, der seine Landsleute vor dem Trojanischen Pferd warnt, aber kein Gehör findet, weil eine Seeschlange ihn und seine zwei Söhne tötet.

Latīnus, -ī König der Latiner, Sohn des Gottes Faunus, Ehemann der ↗Amata, Vater der ↗Lavinia.

Lausus, -ī Sohn des etruskischen Tyrannen ↗Mezentius, stirbt im Zweikampf mit ↗Äneas.

Lāvīnia, -ae Tochter des Königs ↗Latinus und der ↗Amata. Sie ist dem ↗Turnus als Ehefrau versprochen, bis der Fremdling ↗Äneas kommt.

Libya, -ae nördlichster Streifen Afrikas.

Menelāus, -ī König von Sparta und Ehemann der ↗Helena, die der Trojanerprinz ↗Paris nach Troja entführt.

Mercurius, -ī Gott der Kaufleute und Diebe. Götterbote mit Flügelhelm und Flügelschuhen (griech. Hermes).

Mezentius, -ī König der Etrusker, Vater des ↗Lausus, berüchtigt für seine Grausamkeit und Gottlosigkeit, stirbt im Zweikampf gegen ↗Äneas.

Minerva, -ae Göttin der Weisheit, der Künste und des Handwerks (griech. Athene).

Neptūnus, -ī Gott des Meeres (griech. Poseidon).

Pallās, -antis ein ↗Arkader, Sohn des Königs ↗Euander, von ↗Turnus im Zweikampf getötet und von ↗Äneas gerächt.

Paris, -idis Sohn des trojanischen Königs ↗Priamos, Urheber des Trojanischen Krieges durch den Raub der ↗Helena.

Poenī, -ōrum Volksstamm der Punier (Karthager).

Polyphēmus, -ī einäugiger Riese, dem ↗Odysseus mit einem Pfahl das Auge aussticht.

Priamus, -ī König von Troja, während der Einnahme der Stadt durch die Griechen stirbt er durch die Hand des Achillessohnes Pyrrhus.

Rōmulus, -ī Gründer der Stadt Rom („753 sprang Rom aus dem Ei").

Rutulī, -ōrum die Rutuler, Volksstamm in Latium, über den ↗Turnus herrschte.

Sibylla, -ae Seherin und Führerin des ↗Äneas in der Unterwelt.

Sicilia, -ae Sizilien, dreieckige Insel an der Stiefelspitze Italiens, auf der ↗Äneas die Spiele zu Ehren seines Vaters ↗Anchises abhalten lässt.

Styx, -gis der Styx, Unterweltsfluss, über den der Fährmann ↗Charon die Seelen der Toten bringt.

Tarquinius Superbus der letzte etruskische König Roms, von ↗Brutus umgebracht.

Tartarus, -ī der Tartarus, die Unterwelt.

Tolumnius, -ī ein ↗Rutuler, der durch seinen Speerwurf den zwischen ↗Latinus und ↗Äneas bereits geschlossenen Frieden zerstört.

Turnus, -ī König der ↗Rutuler, Verlobter der ↗Lavinia und Hauptgegner des ↗Äneas.

Ulixēs, -is Odysseus, sagenhafter griechischer Held, auf dessen Listen seine Landsleute stets vertrauen können.

Venus, -eris Göttin der Liebe (griech. Aphrodite), Mutter des ↗Äneas und Beschützerin der Trojaner gegen die Intrigen der ↗Juno.

Volscī, -ōrum die Volsker, ein Volksstamm in Latium, das unter seiner Königin ↗Camilla dem ↗Turnus hilft.

Übersetzung: Die Abenteuer des Äneas

Hinweise für die Lehrkraft: Dieser zusammenhängende kleine Abenteuerroman verfolgt die Grundidee, schon in der Spracherwerbsphase dem Schüler die Möglichkeit einer durchgängigen Lektüre zu bieten. Der Fortsetzungscharakter steigert die Lern- und Lesemotivation der Schüler, da sie ihr Wissen unmittelbar umsetzen können und müssen, wenn sie den Fortgang der Geschichte verfolgen wollen.

Der kleine Roman besteht aus 19 Kapiteln, die in der Reihenfolge des Wortschatzes und der Grammatik dem Lehrbuch prima (Ausgabe A und B) folgen. Dabei wurde in jedem Kapitel nicht nur auf eine ausreichende Umwälzung des jeweiligen neuen Wortschatzes und eine hohe Phänomendichte des jeweils aktuellen Grammatikstoffes, sondern auch auf kontinuierliche immanente Wiederholung geachtet, sodass sich eine gute Zusatzmöglichkeit zur Wiederholung, Vertiefung und Einübung bietet.

Drei Hauptverwendungsmöglichkeiten sind denkbar: Im Rahmen der Intensivierungsstunden bietet dies Lesebändchen sicher willkommenes Zusatzmaterial an, zumal es sukzessive mit dem fortlaufenden Unterricht verzahnt ist. Es kann für den Schüler aber auch eine zusätzliche Möglichkeit für die häusliche Übung darstellen, und nicht zuletzt ist es geeignet, den Schülern in den Sommerferien eine gute Wiederholungsmöglichkeit des gesamten Stoffes des 2. Lernjahres in unterhaltsamer und spannender Form zu bieten.

1 Äneas rief seinen Sohn mit großer Sorge: „Betritt schnell das Haus, Julus! Innen wirst du sicher vor Gefahren sein." Julus gehorchte sofort.

Äneas sagte: „Weißt du etwa nicht, Junge, dass die Griechen die Stadt erobert haben? Sie haben alle Tempel und Marktplätze umzingelt, schon eilen sie durch alle Straßen Trojas. Wie Freunde mir erzählt haben, handeln sie schlecht und schändlich. Sie töten nicht nur die Kinder und Mütter grausam, sondern auch die Priester. Bald werden sie auch hier sein. Obwohl wir tapfer gekämpft haben, können wir die Stadt nicht mehr verteidigen. Daher habe ich beschlossen, dass wir in tiefer Nacht Troja verlassen. Sonst wird es keine Rettung für uns geben. Ich werde Anchises auf den Schultern aus der Stadt tragen, weil er nicht mehr schnell gehen kann. Du, Ehefrau Kreusa, wirst mit Julus hinausgehen. So werden wir zu dem Ort gelangen, wo die Gefährten uns erwarten."

Julus fragte: „Erzähle, Vater: Warum haben die Griechen unsere Stadt angegriffen?" Äneas antwortete: „Großvater Anchises wird dir bereitwillig von der Ursache des Krieges erzählen. Ich werde über unsere Flucht nachdenken."

Anchises sagte: „Höre, Julus! Kennst du die Göttin Juno? Sie ist eine mächtige Göttin, die will, dass Troja und die Trojaner untergehen. Sie glaubt nämlich, dass Paris, ein trojanischer Jüngling, ihr großes Unrecht getan hat." Julus fragte: „Was hat der junge Mann getan?"

Anchises entgegnete: „Höre! Jupiter schickte die Göttinnen Minerva, Juno und Venus zu Paris. Der höchste Gott hatte vorher dem jungen Mann befohlen: ‚Gib der Schönsten einen Preis!' Obwohl Minerva dem Paris viele Siege und Juno ihm ein riesiges Königreich versprach, nannte er dennoch die Göttin Venus die Schönste. Juno empfand großen Schmerz über diese Beleidigung und dachte bei sich: ‚Du hast ein großes Verbrechen begangen, Trojaner! Ich bekräftige, dass ich nun die Feindin Trojas und aller Trojaner bin. Lange Zeit lebtet ihr angenehm, Trojaner. Nun aber werde ich dem angenehmen Leben und eurem Hochmut ein Ende machen. Bald werde ich zurückkehren und mich grausam benehmen. Eure flehentlichen Bitten werden nicht viel bei mir gelten. Niemand wird mich umstimmen: Vergeblich werdet ihr die Götter und die Orakel aufsuchen.'"

Julus sagte: „Jetzt verstehe ich den Hass der Juno. Aber sag: Warum haben die Griechen Hass auf uns?" Anchises antwortete: „Weißt du nicht, dass die Göttin Venus dem Paris die schöne Helena versprochen hat? Diese war die Frau des Menelaos, eines mächtigen Königs von Griechenland. Dennoch hat Paris sie durch eine List mit sich nach Troja entführt. Nachdem der Ehemann Menelaos das Unrecht bemerkt hatte, rief er alle adligen Männer aus allen Staaten Griechenlands zusammen, erklärte ihnen das Unrecht des trojanischen Jünglings und kam schnell mit einer gewaltigen Flotte hierher an unsere Küsten. Viele Jahre lang griffen die Griechen unsere Stadt an. Nun aber haben die Feinde durch eine List des Odysseus Troja erobert." Julus sagte: „Erzähle mir von der List dieses Mannes!"

2 „Plötzlich erblickten die Trojaner ein riesiges Pferd. Die einen wollen, dass das Pferd in die Stadt gezogen wird, die anderen befehlen, dass ein solches Ungeheuer am Strand zurückgelassen werde. Während alle über das Pferd berieten, kam schnell von der Stadt her der Priester Laokoon heran und schrie mit lauter Stimme: ‚O ihr Elenden! Glaubt ihr, dass die Feinde abgesegelt sind? Glaubt ihr, dass uns von ihnen Geschenke hinterlassen werden? Kennt ihr etwa nicht den Odysseus? Ist euch die Hinterlist der Griechen unbekannt? Ich fürchte die Griechen, auch wenn sie uns Geschenke bieten.'

Schau da, plötzlich wird ein junger Grieche zu Priamos, unserem König, geführt. Priamos fragt ihn: ‚Wer bist du?' Dieser antwortet: ‚Ich werde Sinon genannt. Hört meine traurige Geschichte! Weil eure Stadt von uns nicht erobert werden konnte, haben wir beschlossen, den Krieg zu beenden und in die Heimat zurückzukehren. Aber lange wurden wir von einem heftigen Wind abgehalten. Immer wieder baten wir die Götter, aber sie wurden durch unser flehentliches Bitten nicht bewegt. Schon hatten die meisten Griechen die Hoffnung auf Rettung aufgegeben, als Odysseus Schweigen befahl: ‚Warum werdet ihr so verwirrt und erschreckt, Gefährten? Wisst ihr nicht, dass ich immer einen Plan habe? Zu dieser Zeit wollen die Götter, dass einer von euch für das Wohlergehen aller getötet wird. So werden die Götter uns die Reise über das Meer gewähren.' Dann richtete Odysseus seine Augen auf mich. Sofort hielten mich seine Gefährten fest und fesselten mich. Weil ich genau wusste, dass ich zum Tod vorbereitet wurde, befreie ich mich in der Dunkelheit der Nacht aus den Fesseln und floh. Obwohl die Gefährten des Odysseus mich lange suchten, wurde ich dennoch nicht von ihnen gefunden. Von einem sicheren Ort aus sah ich, dass ein riesiges Pferd an der Küste von ihnen erbaut wurde. Wenig später eilten sie zu den Schiffen und segelten nach Griechenland ab. Ich bitte euch: Lasst mir das Leben!'

Die Trojaner wurden von den unglücklichen Worten und falschen Tränen des Sinon gerührt. König Priamos antwortete: ‚Bei uns wirst du sicher sein, junger Mann, du wirst nicht umgebracht werden. Aber sprich: Warum haben die Griechen dies unglaubliche Ungeheuer erbaut?' Sinon sagte, dass die Griechen dies der Göttin Minerva zum Geschenk gemacht hätten. Während wir durch die falschen Worte getäuscht wurden, trat Laokoon mit seinen Söhnen an den Altar, weil er ein Opfer darbringen wollte. Sieh da! Plötzlich kamen zwei riesige Schlangen vom Meer an die Küste. Vater Laokoon und die Söhne wurden von den großen Leibern der Schlangen grausam umgebracht.

Die Trojaner wurden sehr erschreckt und glaubten, dass dies ein Zeichen für den Zorn der Götter sei, weil Laokoon kurz zuvor das Pferd mit einem Wurfgeschoss verletzt hatte. Während einige Trojaner von schweren Sorgen bewegt wurden, wurde das große Ungeheuer in die Stadt gezogen.

Wir wurden nicht von der Tapferkeit der Griechen, sondern durch die List eines Mannes besiegt." Plötzlich trat Äneas ein und sagte mit trauriger Stimme: „Wir sind Trojaner gewesen. Die Feinde haben nicht nur unsere Stadt erobert, sondern auch unseren König getötet. Wenn wir nicht fliehen, werden auch wir getötet." Anchises sagte: „Eilt aus der Stadt, solange ihr

fliehen könnt! Mich aber lasst hier zurück; ich bin schon ein alter Mann, ich kann nicht mehr schnell laufen." Äneas sagte: „Niemals wirst du von uns im Stich gelassen werden. Du wirst auf meinen Schultern aus der Stadt getragen werden."
Anchises ließ sich aber von den Worten seines Sohnes nicht bewegen. Plötzlich aber wurden Flammen auf dem Kopf des Julus sichtbar. Anchises verstand sofort, dass dies ein Zeichen der Götter war: „Nun weiß ich: Von den Göttern werden wir sicher errettet. Weil die Götter es so wollen, werde ich mit euch aus der alten Heimat hinausgehen." Wie Äneas gesagt hatte, trug er Anchises auf seinen Schultern und führte seinen Sohn Julus mit sich. Wenig später verließ seine Ehefrau Kreusa das Haus.

3 Die Trojaner standen um den Jüngling herum. Der alte Mann Anchises begrüßte und fragte ihn: „Wer bist du?" Dieser antwortete: „Mein Name ist Achämenides. Ich war einst Begleiter des Odysseus. Während wir nach dem Ende des Trojanischen Krieges zur Insel Ithaka, unserer Heimat, fuhren, sind wir durch heftige Winde zu dieser Insel getrieben worden. Von großem Hunger angetrieben, suchten wir auf allen Feldern der Insel vergeblich Nahrungsmittel. Allmählich zweifelten wir an unserer Rettung; endlich kam uns eine große Höhle in den Blick. Sofort traten wir ein und fanden dort eine riesige Menge an Speisen. Von großer Freude bewegt stärkten wir unsere Körper mit den Speisen, dann ruhten wir uns aus. Plötzlich wurden wir von unglaublichem Lärm erschreckt – ein großes Ungeheuer trat in die Höhle ein. Niemals zuvor hatten wir einen so gewaltigen Körper gesehen. Dieses Ungeheuer war der Kyklop Polyphem. Er hatte nur ein Auge. Ich sah, wie er zwei Gefährten packte, grausam tötete und dann verschlang. Von dem vielen Blut wurden wir sehr erschreckt. Obwohl wir ihn demütig baten, sind dennoch mehrere Freunde von ihm getötet worden."
Anchises fragte: „Warum seid ihr nicht aus der Höhle geflohen?" Achämenides antwortete: „Von Polyphem war ein gewaltiger Felsblock vor die Höhle gestellt worden, der von uns nicht bewegt werden konnte. Aber durch die List des Odysseus sind wir bewahrt worden. Immer wieder hat er dem Kyklopen Wein gereicht. Nachdem der den guten Wein getrunken hatte, gab er sich tiefem Schlaf hin. Dann ist eine Beratschlagung abgehalten worden; von Odysseus unterwiesen bewegten wir einen gewaltigen Pfahl, den wir in der Höhle gefunden hatten, auf den Kyklop zu. Schließlich wurden wir beauftragt, den Pfahl mit riesiger Wucht in das Auge des Ungeheuers zu stoßen.
Achämenides sagte: „Pst! Die Brüder Polyphems sind da! Ich weiß, dass sie von Polyphem geschickt worden sind. Mich suchen sie, mich haben sie vor zu töten. Flieht zu den Schiffen!" Alle liefen schnell zu den Schiffen und blickten bald von hoher See aus auf den Strand zurück. Tatsächlich sahen sie eine große Menge von Kyklopen an der langen Küste stehen. Die Ungeheuer warfen sofort gewaltige Felsbrocken. Durch diese sind die Wellen zuerst bewegt, dann in heftiger Weise vergrößert worden. Dennoch sind die Trojaner von dieser Gefahr errettet worden.

4 Aber für die Trojaner gab es kein Ende der Leiden. Wenig später sind alle durch den Tod des Anchises erschreckt worden. In diesem Unglück hat Äneas seine frühere Würde nicht bewahrt: Jener, tief bewegt vom Tod des Vaters, kümmerte sich nicht mehr um die Pflichten eines Anführers. Er stand nur traurig auf dem Schiff und schaute auf das Meer. Plötzlich wurde die See von heftigen Winden aufgewühlt. Viele Schiffe sind durch die allzu großen Wogen zerstört worden, manche Seeleute sind durch die Gewalt der Wellen ins Meer geworfen worden. Während Äneas die Flotte durch die Gewalt der Winde beinahe aufgerieben sah, zweifelte er an der Rettung und rief mit trauriger Stimme Folgendes: „O ihr Glücklichen, denen es von den Göttern gegeben wurde, bei den Mauern Trojas getötet zu werden. Warum bin ich nicht vor den Mauern der Stadt getötet worden, wo jener gewaltige Hektor, wo jene unsere vortrefflichen Reiter umgekommen sind? Diesen nämlich war es erlaubt, vor den Augen der Eltern das

Leben mit höchster Würde zu verlieren, wir dagegen ..." Äneas verstummte, von allzu großem Schmerz erfasst. Sohn Julus verstand, dass der Zorn der Göttin Juno der Grund für jenen Sturm war.

Tatsächlich war Juno kurz zuvor zu Äolus, dem Anführer der Winde, gekommen und hatte ihn mit folgenden Worten angesprochen: „Äolus, der Vater der Götter und König der Menschen hat dir erlaubt, die Wogen des Meeres aufzuwühlen. Ich sehe, dass die mir feindlichen Trojaner eine sichere Reise über das Meer machen. Wecke die Winde und beschädige zugleich die Schiffe der Trojaner! Zeige jenen Sterblichen deine Kraft! Dann wirst du als Sieger eine königliche Belohnung von mir bekommen: Ich werde dir jene schöne junge Frau geben, die du schon lange begehrst."

Äolus, der von einer so großen Belohnung überwältigt war, gehorchte dem Befehl der Göttin gerne. Sofort befahl er den Winden, mit größter Kraft die Flotte des Äneas zu beschädigen. Aber Neptun, der mächtige Gebieter des Meeres, bemerkte bald, dass sein Königreich allzu sehr in Verwirrung gebracht wurde. Nachdem jener die beinahe zerstörte Flotte des Äneas sah, erkannte er schnell, dass die Verursacher dieses Unrechts Juno und Äolus waren. Sofort rief er mit lauter Stimme Folgendes:

„Gebt Ruhe und schweigt, schändliche Winde! Wer hat euch erlaubt, diesen Aufruhr in Bewegung zu setzen? Wisst ihr etwa nicht, dass ich der König des Meeres bin? Mir allein gehorchen diese Wogen, mir allein diese Meere. Meldet dem Äolus, dass er meine Befehle berücksichtigen muss. Sonst wird er bald meinen großen Zorn zu spüren bekommen." Dies ist sofort geschehen: Die tief erschrockenen Winde flohen zu Äolus, das kurz zuvor aufgewühlte Meer lag augenblicklich ruhig da.

Endlich gelangten die vom Sturm beschädigten Schiffe an die Küste Libyens. Dort munterte Äneas seine Leute mit folgenden Worten auf: „O Begleiter, sicherlich wird ein Gott ein Ende unserer Mühen machen. Wir haben schon die grausamen Kyklopen und den düsteren Sturm überwunden. Die Gefahren können uns nicht aufhalten: Wir segeln nach Italien, unserer neuen Heimat. Ich weiß gewiss, dass wir bald dorthin kommen."

5 Während Jupiter bei Tagesanbruch vom hohen Himmel aus auf die gewaltigen Meere, die langgestreckten Küsten und die vielen Völker blickte, begegnete ihm die Göttin Venus weinend: „O Vater, der du Götter und Menschen durch deine Befehle regierst, warum verbietest du, dass mein Äneas, obwohl er dir immer gehorcht, nach Italien gelangt? Warum weist du die Trojaner, die eine neue Heimat erstreben, so lange ab? Ich bin hierhergekommen, weil ich will, dass du folgende einst gesagten Worte wiederholst: ‚Die Trojaner werden die Herren der gesamten Welt sein, sie werden allen Völkern befehlen.' Was hat deine Gesinnung umgestimmt, Vater? Ich habe geglaubt, dass nach so großen Leiden endlich ein angenehmes Schicksal auf die Trojaner wartet. Aber obwohl sie ein gutes Schicksal herbeisehnen, sind sie von dir immer wieder abgewiesen worden. Wann wirst du ein Ende der Leiden gewähren, großer König? Wann wirst du zulassen, dass die Trojaner sich in der neuen Heimat zurückziehen? Wir wollen nicht immer den Zorn der Juno fürchten."

Jupiter berührte zuerst die Schulter der Venus, dann antwortete er lächelnd: „Leg den Schmerz ab, Tochter. Ich spüre, dass du dich von Liebe entflammt um das Schicksal deines Sohnes sorgst. Glaube mir, wenn ich dir Folgendes sage: Du und die Trojaner, die eine neue Heimat erstreben, werden sehen, wie Äneas eine Stadt gründet. Später wird jener sogar unter die Götter aufgenommen werden. Nichts nämlich hat meine Gesinnung umgestimmt, Tochter. Äneas und sein Sohn Julus werden die großen Herren einer mächtigen Stadt sein, die alle Menschen der gesamten Welt Rom nennen werden. Ich habe den Römern eine Herrschaft ohne Ende gegeben. Auch Juno wird nicht meinem Plan Widerstand leisten, auch wenn sie jetzt Anschläge auf die Trojaner vorbereitet, im Gegenteil wird sie mit mir dieses Volk bewahren. Hervorragen-

de Zeiten werden dann kommen, weil auf der ganzen Welt Friede sein wird. Vergeblich wird der böse Dämon des Krieges sich darauf vorbereiten, die Völker, die sich über den Frieden freuen, zu Kriegen zu bewegen." Venus dankte Jupiter und ging von großer Freude bewegt weg.
Während sich die Gefährten an der langgestreckten Küste ausruhten, beschloss Äneas, mit seinem Freund Achates die neue Gegend zu erkunden. Bald kamen beide in einen großen Wald. Sieh da! Plötzlich trat zwischen hohen Bäumen eine schöne junge Frau hervor und fragte: „Seht ihr die Spuren einer jungen Frau? Ich suche nämlich meine Schwester, die durch den Wald eilt und wilde Tiere fangen will." Äneas antwortete: „Wir haben niemand durch den Wald eilen sehen. Aber sprich: Wer bist du? Die Stimme eines Menschen hast du nicht. Du bist gewiss eine Göttin. Erzähle uns: Wo befinden wir uns?"
Tatsächlich war die junge Frau Venus, die Mutter des Äneas. Aber sie wollte vom Sohn nicht erkannt werden. „Ich danke dir dafür, dass du mich eine Göttin nennst, obwohl ich eine Jägerin bin. Hier gebietet die Königin Dido über das Volk der Punier. Sie kam auf der Flucht vor ihrem bösen Bruder kürzlich nach Libyen. Jeder weiß, dass der Bruder den Ehemann der Dido umgebracht hat. Jene verließ die Heimat, weil sie vom Verbrechen des Bruders sehr erschreckt war, und gründete hier eine neue Stadt, die alle Karthago nennen. Lauft schnell zu Königin Dido. Dort werdet ihr nämlich eure Gefährten, die durch den Sturm verlorengegangen sind, wiederfinden." Plötzlich erkannte Äneas, dass die schöne junge Frau seine Mutter war. Er fragte sie: „Warum täuscht du mich so? Du bist grausam. Warum ist es mir nicht erlaubt, dich zu berühren?" Aber die Göttin Venus war schon entschwunden, ohne etwas zu antworten.

6 Beide hörten die Königin selbst Folgendes sagen: „Seid gegrüßt, tapfere Trojaner. Ich kenne den traurigen Untergang Trojas und die von euch auf der Flucht unternommenen Mühen genau. Ich habe auch schon viel über den Anführer Äneas gehört. Viele Menschen nennen ihn wegen seiner großen Tapferkeit einen vortrefflichen Führer. Ebendeswegen werden wir euch gerne helfen. Wollt ihr euch mit uns in dieser Stadt niederlassen? Die Stadt, die ich erbaue, wird auch eure sein. Können unsere Völker, sowohl Trojaner als auch Punier, hier nicht in dauerhaftem Frieden leben? Ihr, die ihr von einer so großen Katastrophe niedergedrückt worden seid, werdet Bürger in einer Bürgerschaft genannt werden. Und Äneas, euer Anführer, wird bald mit mir diese Stadt leiten."
Durch diese angenehmen Worte der Königin selbst ist Äneas ermutigt worden, obwohl er kurz zuvor noch von Furcht gepeinigt war. Sofort trat er mit Achates aus dem Versteck hervor und zeigte sich der Königin und den Gefährten. Dido wurde durch seine kräftige Stimme sehr eingenommen: „Ich bin da, den ihr sucht, der Trojaner Äneas, der von den Wellen nicht zugrundegerichtet wurde. Ich danke dir, Königin, dass du meine Gefährten so bereitwillig empfangen hast. Die Götter selbst werden dir große Belohnungen geben. Obwohl du so großen Reichtum besitzt, benimmst du dich nicht hochmütig. Immer wird dein Name auf der ganzen Welt gelobt werden." Dido, von Liebe bewegt, antwortete: „Bist du Äneas selbst, der Sohn der Göttin Venus? Bist du der Äneas, der du aus dem alten Troja vertrieben eine neue Heimat suchst? Kommt her, Trojaner, und betretet unsere Häuser! Jetzt brauchen wir Speisen, Wein und Freude."
Dido ließ sofort den an der Küste ausruhenden Trojanern Speisen und Weine schicken, dann führte sie Äneas mit sich in die königliche Burg. Dort bereiteten viele Diener und Dienerinnen ein schönes Festmahl zu. Die ganze Nacht hindurch hörte Dido nicht auf, den auf der Liege lagernden Äneas anzusehen.
Von großer Liebe entflammt wollte sie von ihm selbst immer wieder die Geschichten über den Trojanischen Krieg, den König Priamos und die griechischen Feinde hören. An den früheren Ehemann dachte sie nicht mehr.
In dieser Nacht konnte die Königin wegen ihrer Sorgen nicht schlafen. Bei Tagesanbruch sag-

te sie zu ihrer Schwester: „Schwester Anna, in dieser Nacht konnte ich kaum Schlaf bekommen. Wer ist hier an unsere Küsten gelangt? Hat der neue Gastfreund nicht starke Schultern? Hat er nicht schöne Geschichten erzählt? Er selbst hat mit höchstem Wagemut viele Leiden ausgehalten. Obwohl er durch große Gefahren erschreckt wurde, hat er dennoch niemals an der Rettung gezweifelt. Du weißt, dass ich nach dem Tod des Ehemannes beschlossen habe, keinen Mann mehr zu heiraten. Aber du musst wissen, dass ich wieder von Liebe entflammt bin." Plötzlich weinte sie, von großem Schmerz bewegt, aber die Schwester sagte folgende Trostworte: „Niemand wird dich verlachen, weil du von einer neuen Liebe ergriffen worden bist. Warum wirst du von einer so törichten Sorge bedrückt? Im Gegenteil freue ich mich, dass du Äneas, einen tapferen und vortrefflichen Mann, liebst. Heirate ihn; dann wirst du vor den mächtigen Königen Libyens sicher sein. Wenn der tapfere Äneas nämlich hierbleibt, wird er die Feinde von unserem Gebiet fernhalten." Mit diesen Worten entflammte Anna das Gemüt der Schwester mit großer Liebe.

Von da an kümmerte sich die Königin nicht mehr um die kürzlich gegründete Stadt. Gebäude und Tempel wurden nicht fertiggestellt, alle Mauern waren von den Männern verlassen worden. Äneas, der gleichermaßen von Liebe ergriffen war, dachte nicht mehr über Italien nach. Er glaubte, endlich die neue Heimat gefunden zu haben. Deshalb saß er ganze Nächte hindurch auf Gastmählern. Indem er sich dem angenehmen Leben hingab, kümmerte er sich um nichts mehr. Schon wurde über alle Gebiete Libyens hin gemeldet, dass die schöne Königin den Trojaner Äneas geheiratet habe und beide, von schändlicher Liebe ergriffen, sich nicht mehr um das Wohlergehen der Bürger kümmerten.

7 Jarbas, einer der Könige Libyens, herrschte über das Volk der Gätuler. Derselbe hatte einen dem Jupiter geweihten Tempel erbaut. Die Tore des Tempels wurden immer mit Blumen geschmückt, im Tempel konnten schöne Altäre und viele goldene Statuen gesehen werden. Jarbas hatte einst der Königin Dido eine große Menge an Geschenken und schönen Pferden geschickt. Mit diesen Gaben mühte er sich vergeblich, die Liebe der Königin zu erregen.

Nun hatte er gehört, dass dieselbe einen anderen Mann geheiratet hätte. Sofort lief er voller Zorn und Trauer in den Tempel Jupiters und streckte beide Hände auf zum Himmel. Dann sagte er mit großem Seufzen: „Mächtiger Jupiter, dem mein Volk gerne Gold, Silber und Wein gibt, siehst du etwa nicht dieses Unrecht? Erinnerst du dich nicht an meine Geschenke? Oder fürchten wir vergeblich deine Macht, Vater, wenn du deine Blitze auf die Erde hinabschickst? Höre! Dieselbe Dido, die vor kurzem aus ihrer Heimat hierher in unser Gebiet geflohen ist, hat nicht nur mich nicht beachtet, sondern sich auch einen neuen Ehemann ausgewählt. Dido nämlich liebt den Trojaner Äneas. Wer kann diesen einen echten Mann nennen? Kannst du zulassen, dass derselbe Ehemann genannt wird, ich aber nicht beachtet werde, obwohl ich dir viele Geschenke biete?"

Nachdem Jupiter solche Worte gehört hatte, blickte er mit feindseligen Augen auf Karthago. Tatsächlich erkannte er, dass Äneas und Dido ihre öffentlichen Pflichten vernachlässigten und sich nur um ihre Liebe kümmerten. Deshalb holte er in derselben Stunde Merkur, den Götterboten, herbei und sagte:

„Flieg schnell durch den Himmel zu Äneas und überzeuge denselben, die Königin zu verlassen und mit den Gefährten Italien aufzusuchen. Bewegt ihn etwa nicht die Liebe zur neuen Heimat? Die schöne Venus hatte mir nicht einen sich ausruhenden und die Pflichten vernachlässigenden Mann versprochen, sondern einen Mann, der zuerst Italien, dann der ganzen Welt den Frieden geben wird. Er hat allzu lange angenehm gelebt." So hatte der höchste Gott gesprochen.

Sofort stürzte sich Merkur vom hohen Himmel herab zu den Fluten des Meeres. Wenig später betrat der Götterbote die Stadt Karthago und stand vor Äneas: „Warum errichtest du hier große Häuser und hohe Mauern? Denkst du nicht an Italien, die neue Heimat? Der König der Götter, der den Himmel und die Länder mit seinem Befehl lenkt, hat mich vom hellen Himmel hierher herabgeschickt. Derselbe will von dir wissen: Warum bleibst du so lange in Libyen? Wenn dich nicht die Liebe zur neuen Heimat bewegt, berücksichtige dennoch deinen Sohn Julus, dem du die Herrschaft über Italien schuldest." Nach diesen Worten verschwand Merkur. Zuerst zögerte Äneas, von der Stadt Karthago wegzugehen, aber aus Furcht vor Jupiter beschloss er, die Königin zu verlassen. Deshalb rief er rasch seine Gefährten zusammen und befahl ihnen die Schiffe zur Reise vorzubereiten. Er wollte aber nicht, dass Dido ebendiese Pläne erkannte und ihm Vorwürfe machte.

8 Aber die List des Äneas ist von Dido erkannt worden. Wer nämlich kann eine liebende Frau täuschen? Jene, die von großem Schmerz aufgewühlt war, lief durch die ganze Stadt. Endlich traf sie Äneas und begann mit feindlicher Stimme Folgendes zu sagen: „Hast du geglaubt, Verbrecher, ein solches Verbrechen begehen zu können, ohne dass die Königin es bemerkt? Hält dich etwa nicht unsere Liebe? Willst du von hier weggehen, nachdem du deinen Plan schnell geändert hast? Fliehst du vor mir? Ich bitte dich: Bleibe, Gastfreund! Ist etwa nur dieser Name vom Ehemann übriggeblieben? Wenn du die Stadt verlässt, werden sofort die mächtigen Könige Libyens gegen mich vorgehen. Denn es liegt in deren Interesse die Stadt zu erobern. Willst du, dass der Gätuler Jarbas mich raubt?"

Nachdem sie diese Rede gehalten hatte, schwieg Dido. Obwohl Äneas von den bitteren Worten verwirrt war, sagte er dennoch Folgendes: „Solange ich lebe, Königin, werde ich mich an deine Wohltaten erinnern. Niemals wollte ich dich täuschen. Es ist notwendig gewesen, die Schiffe vorzubereiten, weil die Götter mir befohlen haben, Italien aufzusuchen. Denn ich schulde Julus, meinem Sohn, eine neue Heimat. Schenk mir dein Gehör! Merkur, der von Jupiter geschickt wurde, hat mir diese Befehle gegeben. Es ist nicht erlaubt, sich den Befehlen der Götter zu widersetzen. Ich werde dich nicht gerne verlassen."

Während er solche Worte sprach, sah Dido ihn lange an, dann kritisierte sie von heftigem Zorn entflammt den Anführer der Trojaner: „Dich haben weder die Göttin Venus noch der Vater Anchises, sondern grausame Tiere großgezogen. Bist du von meinen Tränen bewegt worden? Hast du selbst geweint? Hast du die Liebende mit der Hand berührt? Ich habe dir nach der Vernichtung Trojas eine neue Heimat gegeben, ich habe deine aus der Heimat vertriebenen Gefährten aus höchster Not errettet, ich habe dich hoch geschätzt. Und nun sagst du, dass du auf Befehl der Götter Karthago verlassen musst? Ich kann dich nicht halten. Geh weg und suche durch die Fluten des Meeres hindurch neue Königreiche! Aber ich will, dass du nach einem abermaligen Verlust deiner Flotte vergeblich den Namen und die Hilfe der Dido anrufst! Du wirst sicher von den Göttern verurteilt werden. Spürst du nicht, dass du der Verursacher meines Begräbnisses bist?" Nachdem sie diese Worte gesagt hatte, ließ sie den lange nachdenkenden Äneas zurück. Obwohl derselbe von großer Liebe bewegt war, ließ er dennoch die Flotte vorbereiten.

Dido aber beschloss, sich zu töten. Nachdem sie die Hände zum Himmel erhoben hatte, sprach sie folgende letzten Worte: „Angenehmer Tod, bewahre mich vor diesem grausamen Schmerz! Ich habe diesen Lebenslauf vollendet, den mir das Schicksal gegeben hatte. Nach dem Verlassen der alten Heimat habe ich eine vortreffliche Stadt gegründet und meine Stadtmauern gesehen. Ich war allzu glücklich, bis Äneas an meine Küsten kam."

Kaum hatte sie solche Worte gesagt, als sie plötzlich zu Boden fiel. Tatsächlich hatte sich Dido mit dem Schwert umgebracht. Nachdem die Begleiterinnen die Hände der Königin voller Blut sahen, schrien sie. Anna sagte, nachdem sie den Körper der Schwester auf das Bett gelegt hatte: „Du hast mich und dich ausgelöscht, Schwester, dein Volk und deine Stadt."

9 Nachdem er die Gefährten an der Küste versammelt hatte, sagte Äneas Folgendes: „Liebe Gefährten, ein Jahr ist es, seitdem Vater Anchises in dieser Erde bestattet wurde. Wie ich weiß, habt ihr ihn alle hoch geschätzt. Daher werden wir zu seiner Ehre auf meine Veranlassung hin Wettkämpfe veranstalten. Zuerst werden schnelle Schiffe untereinander um den Sieg kämpfen, dann werden schnell laufende Jünglinge uns erfreuen, hierauf werden bewaffnete Männer, die Geschosse werfen, ihre Fähigkeiten zeigen, und zuletzt werden zwei Männer mit Fäusten gegeneinander kämpfen."

Sowohl die Sizilier als auch die Trojaner betrachteten mit höchster Freude die Spiele. Nachdem alle Wettkämpfe fast abgeschlossen waren, befahl Äneas: „Schweigt und seht diesen schönen Stier, den der Sieger des letzten Wettkampfes behalten wird." Sofort erhob sich Dares, ein trojanischer Jüngling, der schon viele Männer mit seiner starken Faust besiegt hatte. Er zeigte mit höchstem Übermut seine gewaltigen Schultern und zugleich seine schlechte Gesinnung. Nachdem er seine Fäuste schnell hierhin und dorthin bewegt hatte, schrie er: „Wer wird es wagen, mit mir zu kämpfen? Viele Männer sind schon durch meine Faust zur Erde geschickt worden. Keiner von ihnen hat Nachsicht von mir erreicht. Hütet euch vor meiner gewaltigen Kraft!"

Obwohl eine riesige Belohnung von Äneas festgesetzt worden war, erhob sich dennoch niemand aus der großen Menge der Zuschauer. Daher eilte Dares zu Äneas und berührte mit seinen Händen den Stier. Dann sagte er mit hochmütiger Stimme: „Da kein anderer den Siegespreis erstrebt, gib mir den Stier!" Während die Trojaner bereits den Dares als Sieger bezeichneten, bemühten sich die Sizilier mit folgenden Worten, den Greis Entellus zum Kampf zu bewegen: „Entellus, du starker und einst wegen deiner Kraft gelobter Mann: Warum zögerst du zu kämpfen, obwohl eine solche Schandtat von dem Jüngling begangen wurde? Wirst du diesen so schönen Preis dem Jüngling kampflos überlassen? Wo ist deine Tapferkeit? Weißt du nicht, dass ein Gott dir beisteht?" Entellus antwortete: „Ich habe nicht mehr die Kraft, die ich einst besaß. Die frühere Tapferkeit aber ist mir nicht ausgegangen. Daher werde ich kämpfen."

Wenig später stand der ehrwürdige alte Mann vor dem Jüngling Dares. Nachdem die Regeln für den Kampf festgesetzt worden waren, gab Äneas ein Zeichen.

Beide stürzten mit größter Kraft aufeinander los. Dares bewegte sich schnell hierhin und dorthin, und schlug mit harten Fäusten immer wieder auf die Schultern des Entellus. Obwohl ihm allmählich die Kraft ausging, hörte der alte Mann dennoch nicht auf zu kämpfen. Plötzlich schickte Entellus eine Gerade gegen Dares, aber er fiel durch seine eigene Kraft zu Boden. Sofort lief ein Freund zu Entellus und hob ihn auf. Als ihm ein Gott neue Kraft verlieh, sammelte Entellus Mut und setzte Dares heftig zu. Der junge Mann, der von der wundersamen Kraft des alten Mannes verwirrt war, konnte sich bald nicht mehr verteidigen. Weil Äneas sah, dass Dares nicht mehr kämpfen konnte, machte er gegen den Willen der Trojaner dem Kampf ein Ende und rettete auf diese Weise das Leben des Jünglings.

10 Es gab kein Tageslicht im weiten Königreich der Unterwelt. Beide gingen mit Fackeln in den Händen durch die Dunkelheit, als ihnen plötzlich sonderbare Gebilde begegneten. Äneas begann aus Furcht beinahe einen Kampf. Aber die Sibylle hielt ihn lachend vom Kampf ab: „Hör auf, beunruhigt zu werden, tapferer Mann! Fehlt dir etwa die Vernunft? Warum fürchtest du die leichten Schatten der Menschen, die nach ihrem Tod an diesen Ort gekommen sind?"

Wenig später gelangte Äneas unter Führung der Sibylle zu den Wogen des Styx.

Dort stand eine gewaltige Menge von Schatten am Ufer. Diese streckten alle ihre Hände nach einem Greis aus, der ein Schiff durch die Fluten steuerte. Äneas fragte die Sibylle: „Wer ist dieser, dessen Ankunft die Schatten so heftig herbeisehnen? Was wollen sie denn?" „Dieser Greis wird Charon genannt. Jener bringt diejenigen, die nach ihrem Tode in der Erde bestattet wurden, zum anderen Ufer des Styx. Die Übrigen geben dem Charon in falscher Hoffnung

Tag und Nacht Zeichen. Denn sie wissen nicht, dass sie viele Jahre an diesem Ufer bleiben müssen. Nach einer langen Zeit endlich werden sie den Styx überqueren."
Nachdem Charon bemerkt hatte, dass lebende Menschen, nicht Schatten an das Ufer des Styx herangetreten waren, schrie er von Wut entflammt: „Wer kommt hierher? Wohin eilt ihr? Dies ist der Ort der Schatten! Geht weg! Es ist mir nicht erlaubt, Sterbliche über die Wogen des Styx zum anderen Ufer zu bringen." Die Sibylle zeigte dem Greis, ohne ein Wort gesagt zu haben, den goldenen Zweig, den sie im Kleid verborgen hatte. Sofort gab Charon nach und brachte die unbekannten Gäste mit dem Schiff ans andere Ufer.
Wenig später betraten Äneas und die Sibylle einen weiten Wald, als sie plötzlich zwischen hohen Bäumen den traurigen Schatten der Dido erblickten. Sofort eilte Äneas von Liebe ergriffen zu ihr und sagte: „Arme Dido, dein Unglück quält mich. Tatsächlich weiß ich jetzt, dass du von deiner eigenen Hand gestorben bist. Bin etwa ich der Grund des so großen Übels gewesen? Ich schäme mich dafür, die Treue nicht gehalten zu haben. Glaube mir: Mir hat es nicht gefallen, dich zu verlassen. Die Götter haben mir befohlen, von deiner Küste abzureisen. Nun zwingen mich die Befehle der Götter, neue Leiden auf mich zu nehmen und den Weg durch die Dunkelheit der Unterwelt zu machen. Niemals habe ich geglaubt, dass eine so unglückliche Sache geschehen könne. Bleib! Warum fliehst du vor mir? Habe ich nicht genügend Schmerz empfunden? Habe ich vergeblich Hoffnung auf deine Verzeihung gesetzt? Wann werde ich dich sehen?"
Dido jedoch wurde von diesen Worten nicht bewegt. Weder antwortete sie noch wandte sie ihre Augen zum traurigen Äneas. Sie stand da wie ein Felsblock. Dann ging sie in den großen Wald zurück, wo der frühere Ehemann seine Frau empfing. Äneas blickte lange der weggehenden Dido nach.

11 Die Sibylle ermunterte den traurigen Äneas mit scharfer Stimme: „Wenn wir dem Wohnsitz der Schatten entkommen wollen, Äneas, dürfen wir nicht zögern. Bald nämlich wird die Nacht da sein. Ich sehe schon diesen Ort, den ich für das Ziel unserer Reise halte. In diesem Teil sieht man viele Feuer. Dort sind zwei Wege: Der kleine und enge Weg wird uns ins süße Elysium, der andere Weg wird uns zum schrecklichen Tartarus führen. Dort halten wilde Gottheiten die Schatten verbrecherischer Menschen fest und quälen sie Tag und Nacht mit schlimmen Strafen. Hörst du nicht ihre elenden Stimmen?" Während Äneas mit seiner gebildeten Begleiterin auf dem kleinen Weg wandelte, wich allmählich die Dunkelheit dem willkommenen Licht. Beide hielten dieses Gebiet für das Elysium. Denn sie erblickten schöne Bäume, einen hellen Himmel und Felder, die mit Blumen geschmückt waren. Dort verbrachten die Schatten ihr Leben mit gemeinsamen Freuden: Sie tranken Wein, lachten oft und hörten Lieder.
Plötzlich erblickte Äneas unter ihnen Anchises und rief mit lauter Stimme „Sei gegrüßt, Vater! Auf deine Veranlassung bin ich hierhergekommen. Denn als ich schlief, begegnete mir dein trauriges Traumbild. Sag: Warum hast du mich herbeigeholt?"
Anchises antwortete freundlich: „Ich freue mich, weil du dich als tapferer Mann gezeigt hast und durch die Dunkelheit der Unterwelt zu mir gekommen bist. Ich weiß genau, dass du den vielen Gefahren des Meeres entkommen bist und ungeheure Mühen auf dich genommen hast. Nun aber werde ich deine Hoffnung bestärken. Ich will dir nämlich alles zeigen, was gut gelingen wird. Siehst du dort den langen Zug der Männer gehen? Es sind deine Nachkommen, die den Ruhm unseres Volkes zu einem großen machen werden.
Schau! Der junge Mann, den du außerhalb des Heereszuges gehen siehst, ist dein Sohn. Derselbe wird Alba Longa erbauen. Dessen Nachkommen werden den Ruhm deines Namens vermehren. Denn sie werden viele vortreffliche Städte in Italien gründen. Sieh den Romulus, den tapferen Mann! Er wird Rom gründen und diese Stadt zur Hauptstadt der Welt machen. Die Römer, deine Nachkommen, werden nicht nur allen Völkern gebieten, sondern ihnen auch

Gesetze und Sitten geben. Ihr, Römer, werdet besiegte Feinde schonen, Hochmütige aber besiegen. Das Glück wird euch immer helfen. Siehst du die Männer, die hinter Romulus gehen? Diese werden die Römer Könige nennen. Schau! In diesem Teil siehst du den Brutus, der den Anschlägen und der Herrschaft des Tarquinius Superbus ein Ende machen wird. Wende nun deine Augen hierher und erblicke diese Vielzahl adliger Männer, die die Stadt vor vielen Gefahren bewahren werden. Schau! Endlich ist Kaiser Augustus da. Dies ist der Mann, den die Götter dem römischen Volk schon lange versprachen. Dieser wird das Wohlergehen des Staates verteidigen und bewahren. Derselbe wird die Grenzen des Reiches erweitern und der Welt Frieden geben.
Aber du selbst, mein Sohn Äneas, wirst in Italien grausame Kriege führen und viele Mühen auf dich nehmen. Denn du wirst ein wildes Volk besiegen und dies mit den Trojanern zu einem Volk zusammenbringen müssen. Du weißt sicher: Das Glück hilft den Tüchtigen. Leb wohl!"
Nach diesen Worten verließ Anchises seinen im Geiste gestärkten Sohn.

12 Dort sagte Äneas zum König: „Höchster König, ich fürchte euch nicht, obwohl ihr Griechen seid. Denn ich weiß, dass die Arkader und Trojaner nicht nur einen gemeinsamen Ahnherrn, sondern auch gemeinsame Feinde besitzen. Dasselbe Volk, mit dem ihr schon lange Krieg führt, hat auch uns den Krieg angekündigt. Wir müssen gegen die Latiner vorgehen; sie bereiten sich mit größtem Hochmut darauf vor, über ganz Italien zu herrschen. Freilich glaube ich, dass wir nicht Unterschiedliches, sondern dasselbe wollen: Der Friede ist uns gleichermaßen wichtig. Daher empfange und leiste deinerseits Treue! Wir haben ein tapferes Gemüt und sehr viele Männer, die euch sicherlich von Nutzen sein werden." So hatte er gesprochen.
König Euander hatte die gesamte Rede hindurch die Augen und den Körper des Sprechenden betrachtet und dann in gebildeter Sprache geantwortet: „Ich erkenne dich und empfange dich gerne, Äneas! Ganz besonders freut es mich, dich zu sehen. Denn ich erkenne in deinen Augen, deiner Stimme und deinen Worten deinen Vater. Ich war ein junger Mann, als ich deinen vortrefflichen Vater in Griechenland traf. Ich brannte darauf, den besten Mann kennenzulernen und seine Hand zu berühren. Anchises gab mir damals dieses schöne Gewand. Nun bedeutet es für meinen Sohn die größte Ehre, dieses Gewand zu tragen. Natürlich werde ich dir helfen. Den Latinern wird ihr Hochmut teuer zu stehen kommen. Inzwischen aber kommt mit uns zum Altar, der dem Herkules geweiht ist!"
Nachdem sich der König und die Gäste nach alter Sitte um die Opfer gekümmert hatten, stärkten sie ihre Körper mit Wein und Speisen. Dann erzählte Euander Folgendes: „Diese Opfer leisten wir, trojanischer Gastfreund, weil Herkules uns einst aus einer grausigen Gefahr gerettet hat. Siehst du diese schon lange verlassene Höhle? Dort lebte viele Jahre lang Kakus, ein riesiges Ungeheuer. Dieser tötete auf grausame Weise Menschen, die er im Wald gefangen hatte. Hierauf schmückte Kakus die Bäume mit den Köpfen derjenigen, die er umgebracht hatte. Einst kam Herkules, als er viele Rinder mit sich führte, hierher. Während er selbst sich nach Beendigung des langen Marsches ausruhte, führte Kakus nicht den geringsten Teil der Rinder weg und zog sie in die Höhle. Sobald Herkules diese Untat bemerkte, ergriff er schnell seine Waffen und lief zur Höhle. Aus dieser Richtung nämlich waren die Schreie der Rinder an seine Ohren gedrungen. Herkules bewegte zuerst den vor die Höhle gestellten Felsblock weg, dann betrat er die Höhle und zuletzt tötete er mit seiner starken Pranke den Kakus. Wenig später betrachteten die Menschen immer wieder den Leichnam des Kakus, weil sie nicht glaubten, dass das Ungeheuer getötet worden war. Später haben wir an diesem Ort zu Ehren des Herkules einen Altar aufgestellt. O Jünglinge, sorgt für den höchsten Gott! Du jedoch, höchster Anführer der Trojaner, berate mit mir über die gemeinsamen Angelegenheiten ...!"

13 Der Jüngling Pallas steht im heftigen Kampf plötzlich vor Turnus. Er sieht die gewaltigen Schultern und sieht den Feind grausam lächeln. Der junge Mann denkt Folgendes bei sich: „Zeichen eines wahrhaft herausragenden Mannes ist es, nichts zu fürchten." Ohne irgendeine Furcht sagte er: „Hilf mir, Herkules! Entweder werde ich bald wegen kriegerischen Ruhms oder wegen eines edlen Todes gelobt werden. Es gibt irgendeine Belohnung für die Tapferkeit. Wenn du irgendeine Kraft besitzt, kämpfe mit mir, Turnus!" Die Arkader sind wegen dieser tapferen Worte des Jünglings von großer Furcht erschreckt worden. Plötzlich schleuderte Pallas ein Geschoss auf Turnus.

Dieser aber mied mit einer schnellen Bewegung des Körpers das Wurfgeschoss und lachte darauf mit großem Hochmut: „Vergeblich strebst du danach, mich zu besiegen, Bub. Wenn du glaubst, dass du irgendjemand bist, täuschst du dich. Du führst Krieg gegen Turnus." Mit diesen Worten warf er ein gewaltiges Wurfgeschoss auf den jungen Mann. Dieser fiel, durch das Geschoss niedergestreckt, sofort zu Boden. Der siegreiche Turnus sagte, indem er den Fuß auf den Körper des Pallas setzte: „Arkader, wer von euch zweifelt, dass ich der beste Soldat bin? Wenn irgendeiner wagen wird, mit mir zu kämpfen, werde ich ihm die Kraft eines echten Mannes zeigen. Meldet König Euander, dass sein Sohn Pallas von meiner Hand gefallen ist! Auf dieselbe Weise werden alle untergehen, die meinen Feinden beistehen werden." Zuletzt riss er den Waffengürtel des Jünglings an sich und hob ihn als Zeichen des Sieges in die Höhe. Alle Latiner schrien mit großem Vergnügen auf. Nachdem der Tod des Pallas gemeldet worden war, eilte Äneas in den Kampf und von ungeheurem Zorn entflammt tötete er sehr viele Feinde. Plötzlich erblickte Mezentius auf dem großen Schlachtfeld den Äneas, der an der Spitze seines Heeres stand. Sofort rief er: „Komm hierher, Äneas, wenn du irgendetwas von soldatischer Tugend besitzt! Ich weiß, dass du dein Geschlecht von der Göttin Venus herleitest. Du musst aber wissen, dass ich die Götter immer verlacht habe. Meine starke Hand ist mir Gott." Äneas antwortete nichts und schleuderte ein Wurfgeschoss auf ihn. Sobald Lausus, der Sohn des Mezentius, den verletzten Vater auf der Erde liegen sah, weinte er zunächst erschreckt, forderte dann aber Äneas zum Kampf heraus. Dieser versuchte vergeblich, mit folgenden Worten den Jüngling vom Kampf abzuhalten: „Schone dein Leben, junger Mann. Denn du hast noch viel Zeit übrig. Deshalb höre auf, mich zum Kampf herauszufordern! Denn ich habe bemerkt, dass du eine bedeutende Begabung besitzt. Aber du wirst deinen Vater durch den Tod traurig machen."

Der Jüngling aber, der auf die Worte nicht hörte, griff Äneas an und wurde sofort von ihm getötet. Als Äneas die Augen des sterbenden jungen Mannes sah, streckte er die Hand zu ihm hin und sagte mit trauriger Stimme: „Warum, unglücklicher Junge, wolltest du von falschem Ruhm bewegt mit mir kämpfen? Aber es bedeutet etwas an Ehre, durch die Hand des großen Äneas gefallen zu sein."

14 Nach Beendigung der Schlacht besichtigte Äneas die Schlachtfelder. Er sah dort viele Leichname von Soldaten liegen. Mit folgenden Worten ermahnte er seine Männer: „Leistet den vortrefflichen Gefährten, die für die neue Heimat den Tod auf sich genommen haben, die letzte Ehre. Bringt zuerst Pallas herbei, den ein trauriger Tag hinweggerafft hat." Wie es gesagt worden war, wurde es getan.

Wenig später ging Äneas in das Haus, wo einige Wachen der Trojaner, Arkader und Etrusker um den Leichnam des Pallas standen. Äneas sagte weinend: „O unglücklicher Junge, es ist meine Schuld, dass du getötet worden bist. Die Dinge sind anders ausgegangen als ich gehofft hatte. Diesen traurigen und bitteren Tod habe ich nicht vorhergesehen, als ich von Euander wegging. Ich erinnere mich an seine Worte: ‚Äneas, sorge für meinen Sohn und halte ihn von den Gefahren des Krieges fern! Denn er ist der Trost meines Alters.' O unglücklicher alter Mann, wenn dir diese traurige Nachricht hinterbracht worden ist, wirst du niemals mehr fröhlich sein. Du hast einen Jüngling von großer Tapferkeit getötet, grausamer Turnus! Leb wohl, größter Pallas! Mich rufen die traurigen Kriege zu anderen Tränen."

Nachdem Äneas den Leichnam des Pallas mit einem schönen Gewand bekleidet hatte, das Dido einst mit höchster Begabung gefertigt hatte, ging er zum Heer hinaus. Schon waren Unterhändler der Feinde da, die einen Frieden von wenigen Tagen erstrebten. Denn sie wollten die Körper der Gefallenen bestatten. Äneas zeigte sich freundlich und gestand dies gerne zu. Aber er machte den Feinden folgende Vorwürfe: „Warum, Latiner, habt ihr mich gezwungen, diesen Krieg zu führen, warum seid ihr vor unserer Freundschaft geflohen? Nicht ich habe Krieg gewollt. Obwohl es Aufgabe eines Königs ist, den Frieden zu bewahren, hat König Latinus nicht über Friedensbedingungen nachgedacht, sondern sich sofort den Waffen des Turnus anvertraut. Bringt dem Turnus folgende Botschaft: Wenn er die Trojaner aus seiner Heimat vertreiben will, muss er mit mir kämpfen. Nun geht!" Darauf antwortete der Greis Drankes, ein Mann von kleinem Körperbau, aber von großer Begabung, Folgendes: „O vortrefflicher trojanischer Anführer, gerne werden wir Botschaften dieser Art dem König Latinus zuleiten. Dem Turnus wird der Hochmut bald genommen werden."

Während Äneas den Drankes und die übrigen Unterhändler der Latiner entließ, brachte ein trauriger Heereszug den Leichnam des Pallas in die Stadt des Euander. König Euander, der auf hoher Burg stand, sah den Zug durch die Tore gehen. Schnell stieg er hinab, ging dem Zug entgegen und erblickte seinen getöteten Sohn. Zuerst wandte er seine Augen ab, weil er den Schmerz nicht ertragen konnte. Hierauf sagte er weinend: „Ein solch trauriges Schicksal habe ich weder für mich noch für dich erwartet, Pallas. Kein Gott hat meine Bitten erhört. Der einzige Sohn ist mir durch ein grausames Schicksal geraubt worden. Euch, Trojaner, mache ich dennoch keine Vorwürfe. Aber meldet eurem König dies: Die starke Hand des Äneas schuldet mir und meinem Sohn den Tod des Turnus." Mit diesen Worten entließ Euander die Trojaner. Während die Arkader das bittere Schicksal des Pallas beweinten, waren auch die latinischen Soldaten traurig. Einige sagten voller Trauer und Zorn: „Sehr viele Ehemänner, Söhne und Freunde sind wegen des Wagemuts eines Einzigen getötet worden. Kurz gesagt – weil Turnus als Einzigem dieser Krieg nutzt, muss er mit Äneas seine Kraft messen und um den Sieg kämpfen."

15 Nachdem ein Zeichen gegeben worden war, setzten sich alle. Zuerst hielt der König eine Rede: „Es ist Aufgabe eines Königs, immer wieder über die Pläne nachzudenken, die sich auf das Wohl des Volkes beziehen. Ich werde euch die Dinge eröffnen, die ich lange und sorgfältig bei mir durchdacht habe. Ihr alle habt bemerkt, Bürger, dass es schwierig ist, mit dem Volk der Trojaner Krieg zu führen. Deren Kräfte werden in vielen Schlachten nicht aufgerieben; sie können nicht besiegt werden. Beim Herkules! Was ist passiert? All unsere Dinge liegen darnieder: Seht euch die verlassenen Felder und die aus ihrer Heimat vertriebenen Familien an! Gewiss hätten wir viele Männer vor dem Tode bewahrt, wenn wir früher über das Ende des Krieges nachgedacht hätten. Hört meine Meinung! Ich besitze altes Ackerland, das weit ist und sich bis zum Gebiet der Sizilier erstreckt. Wenn wir diese gesamte Gegend den Trojanern gäben, hätten wir Frieden und würden mit neuen Bundesgenossen das Königreich festigen. Wenn diese aber wünschten, in einem anderen Gebiet die Äcker zu bestellen, wäre dies sicherlich ein geeigneter Plan, ihnen Schiffe zu erbauen. Sorgt euch um das Gemeinwohl, ihr Edlen!"

Dann beleidigte derselbe Drankes, der den Hochmut des Turnus nicht mehr ertragen konnte, den Turnus mit folgenden Worten: „Hochmütiger Turnus, wegen dir sind viele berühmte Männer gefallen! Dein Hochmut ist in aller Munde. Wenn nicht die meisten deinen Zorn gefürchtet hätten, hätten sie dich schon früher ermahnt. König Latinus, wenn du meinen Plan hören willst: Ich würde dem Äneas nicht nur schöne Geschenke schicken, sondern auch deine Tochter Lavinia. Auf diese Weise würdest du einen langanhaltenden Frieden zwischen beiden Völkern stiften. Warum, Turnus, du Hauptursache der Übel, reißt du die armen Bürger in so große

Gefahren? Kein Wohlergehen gibt es durch Krieg, wir verlangen Frieden. Deshalb lass den Krieg sein und geh besiegt von dannen! Allzu lange haben wir grausame Niederlagen gesehen, allzu lange liegen die Äcker verlassen darnieder. Wenn Lavinia dir so wichtig wäre, würdest du mit Äneas um die Ehefrau und den Sieg kämpfen. Wenn du irgendeine Tapferkeit und Ehre besäßest, würdest du nicht dem ausweichen, der dich zum Kampf auffordert."
Turnus antwortete, von Zorn entflammt: „Du bist immer vorwiegend durch deine Zunge stark, Drankes. Wenn aber die Kriege starke Hände erfordern, flüchtest du mit schnellen Füßen in das Ratshaus. Dort hältst du geschützt vortreffliche Reden, während die Feinde schon auf den Mauern stehen. Sag mir: Hat deine Hand irgendwelche Trojaner getötet? Hast du in diesem Krieg irgendetwas getan, das lobenswert war? Komm und kämpfe mit mir gegen die Feinde! Sie sind vor den Mauern. Was zögerst du? Wird deine Tapferkeit immer nur in deiner Zunge und den schnellen Füßen stecken? Bin ich etwa besiegt worden? Niemand hat mich besiegt gesehen. Ich habe den Fuß schon auf viele besiegte Feinde gesetzt. Nun komme ich auf dich und deine großen Pläne zurück, König Latinus. Wenn wir keine Hoffnung auf unsere Waffen setzen würden, wenn wir so elend wären und das Glück uns nicht mehr hülfe, gehörte es sich, einen schändlichen Frieden anzustreben. Weil wir aber Tapferkeit und eine große Menge junger Männer besitzen, warum werden wir vor dem Kampf mutlos? Und wenn die Trojaner mich zwängen, alleine zu kämpfen, würde ich bereit zum Kampf gehen. Euch nämlich und König Latinus, dem Vater meiner künftigen Ehefrau, schulde ich dieses mein Leben."
Plötzlich betrat ein Bote schreiend das Ratshaus: „Die Trojaner sind vor den Mauern!" Durch diese Nachricht sind die alten Männer erschreckt worden; die jungen Männer jedoch freuten sich, weil sie die Übel des Krieges noch nicht kennengelernt hatten. Während Turnus mit fröhlicher Miene die Truppen versammelte, verließ König Latinus voller Sorgen das Ratshaus. Er machte sich folgende Vorwürfe: „Wenn ich das gewusst hätte, hätte ich früher Frieden mit Äneas geschlossen und ihm die Tochter Lavinia gegeben."

16 Turnus begegnete vor den Mauern der Stadt Camilla, der Königin der Volsker. Jene stieg sofort vom Pferd herab und befahl der Schar ihrer Gefährten, dasselbe zu tun. Dann begann sie ein Gespräch mit folgenden Worten: „Turnus, du hättest mich nicht gerufen, wenn du meine Tapferkeit und Macht nicht hoch einschätztest. Ich wäre nicht hierhergekommen, wenn ich mich nicht oft als stark erwiesen hätte. Deshalb lass mich als Erste die Gefahren dieses Krieges auf mich nehmen! Du wirst inzwischen mit dem Heer hier warten."
Auch wenn Turnus dieser Plan nicht gefiel, führte Camilla die in Reih und Glied aufgestellten Truppen in die Schlacht. Sie selbst hatte sich angewöhnt, in der ersten Schlachtreihe zu sein. Auf diese Weise veranlasste sie die Soldaten zu höchster Tapferkeit und verwirrte die Feinde. Auf ihren Schultern befand sich ein goldener Bogen. Mit diesem Bogen tötete sie viele fliehende Feinde. Nachdem Camilla einen von den Feinden verletzt hatte, sagte sie zu ihm, als er auf der Erde lag: „Sicherlich hast du geglaubt, dass Frauen im Krieg nicht sehr viel vermögen. Weißt du etwa nicht, dass ich so viele Männer getötet habe wie du Sterne am Himmel siehst? Eben hast du meine große Kraft kennengelernt. Es wird jedoch keinen geringen Ruhm bedeuten, von der Hand der Camilla gefallen zu sein." Mit diesen Worten tötete sie ihn.
Sobald der Feldherr der Etrusker sein Heer weichen sah, rief er mit lauter Stimme: „Lasst ihr es zu, von einer Frau besiegt zu werden? Rennt ihr etwa aus Furcht so schnell? Oder könnt ihr mir einen anderen Grund für eure Flucht nennen? Wo ist eure Ehre, wo eure Tapferkeit? Ihr seid Pöbel, wenn ihr so unanständig aus der Schlacht flieht! Prägt euch jenes ein: Es ist Zeichen tapferer Männer, niemals mutlos zu werden." Dann eilte er selbst in die Schlacht.
Die Etrusker, bestärkt durch dies Beispiel der Tapferkeit, erhoben ein gewaltiges Geschrei. In einem anderen Teil der Schlacht sah Camilla einen trojanischen Soldaten auf einem schönen Pferd sitzen. Sein goldenes Gewand und die mit Silber und Erz geschmückten Waffen gefie-

len ihr. Denn Camilla hatte niemals zuvor solch schöne Dinge gesehen. Weil sie das Gewand und die Waffen besitzen wollte, verließ sie den sicheren Heereszug. Dies war der Grund für ihren Tod.
Sobald nämlich einer von den Feinden sah, wie Camilla ihre Truppen verließ, hielt er es für den geeigneten Zeitpunkt und schleuderte aus dem Hinterhalt ein Geschoss auf sie. Sofort fiel sie tot vom Pferd. Während diese Dinge außerhalb der Stadt ausgeführt wurden, führte innen Amata, die Ehefrau des Königs Latinus, eine zahlreiche Menge von Müttern zum Tempel der Minerva. Demütig bat sie die Göttin: „Mächtige Göttin, ich kann nicht ertragen, dass Äneas unsere Töchter raubt. Du, die du alles vermagst, töte ihn selbst in der Schlacht!"

17 Die Latiner flohen, um sich zu retten. Auch die vom Tod der Camilla verwirrten Volsker flohen, um nicht zu sterben. Während die Trojaner vor der Stadt ihr Lager errichteten, bemerkte Turnus, dass die Latiner ihre Augen auf ihn richteten. Er spürte, dass vor allem er von allen gefordert wurde. Deshalb eilte er in die hohe Burg des Königs und sagte: „Bester König, ich werde nicht zögern, das zu tun, was ich versprochen habe. Entweder werde ich mit dieser Hand den Trojaner töten oder er wird mich besiegen und die schöne Lavinia wegführen." Latinus antwortete mit folgenden Worten: „O vortrefflicher Jüngling! Alle wissen, dass du ein junger Mann von gewaltiger Tapferkeit bist. Du hast dich bisher so stark gezeigt, dass du ein großes Ansehen beim Volk besitzt. Warum wirst du von so großen Sorgen gequält? Du besitzt das Königreich deines Vaters und viel Geld. Es gibt viele schöne und adlige junge Frauen, die dich als Ehemann ersehnen. Weißt du nicht, dass ein Gott mir einst aufgetragen hat, dass ich Lavinia nicht einem Mann aus Italien geben soll? Aber ich und Amata haben dich so hoch eingeschätzt, dass wir nicht auf die Befehle der Götter achteten. Ich will nicht, dass du mit Äneas um das Königreich und Lavinia kämpfst. Denn ich fürchte, dass du getötet wirst. Denke an deinen Vater: Der wünscht vor allem, dass der Sohn unversehrt in die Heimat zurückkehrt." Da aber sagte der junge Mann von Zorn entflammt: „Leg die Sorge ab, die du für mich hast, bester Greis! Ich habe so große Kraft, dass niemand mich besiegen kann. Nicht immer wird Göttin Venus ihrem Sohn helfen und vor den Gefahren des Krieges bewahren." Die Königin Amata weinte und versuchte mit folgenden Worten den Turnus vom Kampf abzuhalten: „Turnus, wenn Tränen dich bewegen, flehe ich dich an, nicht in den Krieg zu gehen. Dein Schicksal wird auch meines sein: Wenn du getötet wirst, werde ich gleichzeitig das Leben verlassen und nicht Äneas als den Ehemann meiner Tochter sehen."
Nachdem Lavinia diese Worte ihrer Mutter gehört hatte, weinte sie. Turnus wandte seine Augen zu der schönen jungen Frau. Er wurde von so großer Liebe ergriffen, dass er sofort kämpfen wollte. Also sagte er: „Auf keine Weise wirst du bewirken, dass du mich vom Krieg zurückrufst, Mutter. Es ist nämlich nicht der Charakter des Turnus, dem Tod aus dem Weg zu gehen. Meldet dem trojanischen Tyrannen folgende Worte, die ihm gewiss nicht gefallen werden: Wir werden mit unserem Blut den Krieg entscheiden. Die Ehefrau Lavinia wird der Preis für den Sieger sein." Dann schickte Turnus einen Boten zum Lager der Trojaner, er selbst forderte ein Pferd.
Plötzlich rief einer der Rutuler mit lauter Stimme. „O Gefährten, gehört es sich, dass ein Einziger für die Freiheit und das Wohlergehen aller kämpft, obwohl wir sowohl durch die Anzahl und unsere Hilfstruppen die Trojaner leicht übertreffen? Ich fürchte, dass wir, wenn Turnus besiegt ist, die Heimat verlieren und gezwungen werden, der Willkür neuer Herren zu gehorchen. Deshalb lasst ab vom Plan der führenden Männer, Freunde, wenn ihr in Freiheit leben wollt!" Tatsächlich sind durch diese Rede die Gesinnungen der Rutuler und der Latiner verändert worden. Diejenigen, die auf Frieden gehofft hatten, wollten nun Waffen und strebten nach Umsturz. Als Erster sagte Tolumnius: „Ich wünsche, dass ihr mit mir die Waffen ergreift und den verbrecherischen Feind besiegt. Wir alle wünschen, dass jener flieht und hinausgeworfen

aus Italien über das weite Meer abgesegelt. Beweist eure Treue und verteidigt unseren Turnus!" Dann schleuderte Tolumnius ein Wurfgeschoss auf die Feinde und tötete einen hervorragenden Jüngling aus dem Volk der Arkader. Dessen Brüder ergriffen sofort die Waffen. So geschah es, dass der schon aufgegebene Krieg wiederum begonnen wurde.

18 Während König Latinus inmitten der vielen Geschosse floh, tadelte Äneas mit hoch erhobener Hand seine Soldaten: „Wohin eilt ihr? O haltet die Zornausbrüche zurück! Ich weiß nicht, warum der Krieg wiederum begonnen worden ist. Ich frage euch, ob das wahr ist: Ist es nach dem Friedensschluss nicht mir alleine erlaubt zu kämpfen? Daher lasst mich mit dem Turnus um den Sieg kämpfen! Legt die Furcht ab! Immer habe ich mit meiner Hand tapfere Dinge vollbracht."

Sieh da! Während dieser Äußerungen flog ein schnelles Geschoss herbei und verletzte den Äneas. Turnus war Zeuge dieses Geschehens. Als er Äneas aus dem Heereszug weggehen und die Trojaner in Verwirrung sah, forderte er mit großer Fröhlichkeit ein Pferd und griff alleine das Heer der Feinde an. Die Betrachter zweifelten daran, ob der wilde Mars oder einer der Sterblichen durch die Heeresreihen ging. Mit so großer Grausamkeit kämpfte Turnus. Nachdem er schon viele Feinde getötet hatte, tötete er mit einem Wurfgeschoss einen unglücklichen Trojaner. Nachdem dieser vom Pferd gefallen war, setzte Turnus seinen Fuß auf dessen Körper. Hochmütig sagte er Folgendes: „Seht, wie groß der Zorn des Turnus ist!"
Inzwischen führten sein Begleiter Achates und sein Sohn Julus den schwer verletzten Äneas in das Lager zurück.

Dort stand Äneas von einigen jungen Männern umringt. Obwohl er unter gewaltigen Schmerzen litt, gab er kein Stöhnen von sich. Vergeblich bemühte der Arzt seine ganze Kunstfertigkeit und versuchte das Geschoss herauszuziehen. Aber das im Körper steckende Geschoss konnte auf keine Weise bewegt werden.

Die um ihn stehenden Gefährten hatten schon die Hoffnung auf Rettung aufgegeben, als Venus vom hohen Himmel aus das Unglück des Sohnes sah. Plötzlich geschah es, dass der Arzt das Geschoss aus dem Körper des Äneas ziehen konnte. Zugleich kehrten Körperkraft und das ehrwürdige Aussehen des Äneas zurück. Der Arzt sagte: „Ich weiß nicht, wer diese wundersame Sache vollbracht hat. Nicht meine Hand hat dieses Wohl bewirkt, dies war nicht Hilfe eines Menschen. Ein Gott hat diese Wohltat gewährt."

Äneas selbst, sofort von der Lust auf den Kampf entflammt, ergriff seine Waffen. Dann berührte er Sohn Julus: „Ich werde dir dies offen sagen: Junge, lerne von mir die Tapferkeit und wahres Leiden, Glück aber von anderen. Jetzt wird dich meine Hand verteidigen und zu großen Belohnungen führen. Behalte die Beispiele der Deinen und Vater Äneas im Gedächtnis!" Nachdem er das gesagt hatte, verließ er schnell das Lager.

Sobald Königin Amata von der hohen Burg aus die Trojaner heranschreiten und Fackeln auf die Dächer fliegen sah, aber keine Soldaten des Turnus, glaubte sie, dass der Jüngling Turnus im Kampf gefallen sei. Daher tötete sie sich selbst. Nachdem man den Tod der Königin gemeldet hatte, wurden alle mutlos und liefen weinend durch die Straßen der Stadt. Wenig später gelangte ein Bote zu Turnus und sagte: „Turnus, auf dir ruht die letzte Rettung. Äneas greift mit den besten Soldaten die Stadt an und die Königin hat sich mit eigener Hand das Leben genommen. Alle Latiner warten auf dich. Sag, ob du die Soldaten, die die Stadt verteidigen, schmählich im Stich lässt oder zur Stadt zurückkehrst!"

Turnus schwieg zuerst, dann schaute er auf die große Stadt zurück und sagte „Niemals wird dieses Land den Turnus fliehen sehen. Sag mir, ist es elend, im Kampf zu sterben? Mein Entschluss steht fest: Ich werde mit Äneas kämpfen." Nachdem er diese Worte gesagt hatte, eilte er schnell zu Pferde mitten durch Feinde und Geschosse zur Stadt. Vor den Stadtmauern gab er mit der Hand ein Zeichen und begann so mit lauter Stimme: „Hört auf zu kämpfen, Latiner!

Es gehört sich, dass ich für euch den Krieg führe." Sobald Äneas bemerkte, dass Turnus da war, verließ er die höchsten Mauern und eilte mit großer Fröhlichkeit zum Feind. Alle Latiner und Trojaner legten die Waffen nieder und wandten ihre Augen auf beide Männer.

19 Äneas und Turnus hatten lange mit gleichen Kräften gekämpft, als plötzlich Turnus das Schwert erhob, das bei diesem Angriff zerbrach. Sobald er seine rechte Hand ohne Schwert sah, floh Turnus. Obwohl er hierhin und dorthin lief, konnte er nicht entkommen. Auf der einen Seite ist er nämlich von den Reihen der Trojaner, auf der anderen von hohen Mauern umgeben worden. Auch wenn jener einige mit Namen anrief, forderte er vergeblich ein neues Schwert.

Inzwischen fragte der große König des Olymp die Juno, die vom hohen Himmel herab auf den Kampf blickte: „Wann wird dein Hass ein Ende haben, Gattin? Ich bitte dich, dass du Verstand hast. Während doch alle wissen, dass vom Schicksal her der Sieg dem Äneas geschuldet wird, pflegst du allein dies nicht zu beachten. Du konntest Troja auslöschen, die Trojaner rings um die ganze Erde jagen und einen gewaltigen Krieg entfesseln. Nun aber höre auf, die Trojaner zu beunruhigen!" Mit folgenden Worten antwortete die Göttin Juno: „Jupiter, da ich genau weiß, was du wünschst, habe ich den Turnus im Stich gelassen. Wenn es anders wäre, würde ich nicht hier ruhen, sondern hätte die Trojaner in grausame Schlachten gezwungen. Ich weiche schon und lasse die Kämpfe zurück. Aber höre meine Bedingung: Sorge dafür, dass die Latiner nach dem Friedensschluss mit den Trojanern ihre Sprache und ihre Kleidung beibehalten!"

Da lachte der Vater der Götter und König der Menschen mit freundlichem Gesicht und sagte: „Leg die Sorgen ab! Ich werde gerne gewähren, was du wünschst: Obwohl sie mit den Trojanern zu einem Volk zusammenkommen werden, werden die Latiner ihre alte Sprache und die Sitten der Vorfahren behalten. Sie werden denselben Namen besitzen, den sie jetzt haben. Und höre, was dich freuen wird: Dieses Volk wird dich hochschätzen." Juno ging zufrieden mit diesen Aussagen weg.

Äneas rief indessen mit lauter Stimme. „Ich frage dich, Turnus, warum du fliehst und nicht mit mir kämpfst. Jetzt nämlich gehört es sich, nicht mit diesen schnellen Füßen da zu fliehen, sondern mit Waffen zu kämpfen." Der tapfere junge Mann antwortete: „Nicht deine Worte schrecken mich; die Götter schrecken mich und Jupiter als Feind." Und sofort hob er einen gewaltigen Stein auf, schleuderte ihn aber vergeblich auf den Feind. Äneas griff nun mit gewaltigem Schwung den Turnus an und verletzte ihn. Unter großem Gestöhne sahen die Rutuler ihren Feldherrn zu Boden fallen. Bittfällig streckte Turnus seine Rechte aus und sagte: „Wenn dich irgendein Mitleid bewegen kann, gib mich lebend dem Vater zurück oder übergib ihm meinen Leichnam. Auch du hattest einen Vater. Du hast gesiegt und die Rutuler haben mich besiegt die rechte Hand ausstrecken sehen. Dein ist die Ehefrau Lavinia. Es gibt keinen Grund, warum du mich töten solltest: Bewahre mich vor dem Tod!" Äneas stand energisch in seinen Waffen da, überlegte und hielt das Schwert zurück. Schon hatte das Gespräch die wilde Gesinnung des Äneas zu verändern begonnen, als er plötzlich den Waffengürtel des Pallas erblickte, den Turnus als Zeichen des Sieges auf den Schultern trug. Da schrie Äneas, von gewaltigem Zorn entbrannt: „Du etwa verlangst Gnade, der du dem Freund Pallas Leben und Waffengürtel geraubt hast? Weil Pallas durch deine Hand umgekommen ist, fordert er Blut von dir." Indem er dies sagte, stieß er das Schwert in den Körper des Turnus.